QIANTUZUNHAO

本书编委会　编著

中国财富出版社有限公司

黔途遵好

QIANTUZUNHAO

编 委 会：袁云超 杜 宇 韦 祎 黄 琨

执行主编：林 玲 舒中强

图文编辑：田世红 易兰兰 黄兴海 林紫青 何 伟 廖志敏 李 理

插　　图：余 健 周昱男

版式设计：博睿天成

醉美遵义行微信公众号

凤凰塔

遵义新城区
汇川区 高楼林立，充满现代气息

红军山，每年清明，学生扫墓必选地，在遵义人成长的记忆里留下深深的烙印

红军烈士陵园

凤凰山国家森林公园

遵义市的中心绿肺、森林氧吧，晨练爱好者的最爱！

千年遵义府
繁华最老城

老城

节假日不到老城走一走，不到公园逛一逛，你都不好意思说你上过街！

丁字口的繁华不亚于老城，周六周日，街上人头攒动，摩肩接踵，好不热闹

丁字口

慢一点，别踩着我的脚

湘江河

河虽不大，却秀美迷人，与凤凰山一起，构成遵义最迷人的风景

（1）

公元1176年，南宋淳熙三年。

杨氏第十二代土司杨轸来到穆家川，望东而立，见凤山青幽，湘水滴翠。一轮红日自凤凰山山坳处升起，被几片鲜红的朝霞掩映着，阳光从云缝里照射下来，与山里的雾气交织在一起，如梦幻之境。

“好一个紫气东来，真是个人间福地！”

于是，杨轸迁治所于此，建官衙，筑防御，前临湘江水，后枕府后山，从此开创了遵义城800多年的历史。

（2）

公元1935年1月，遵义城南，丰乐桥头。

遵义人民敲锣打鼓迎来了一支经过长途跋涉、历尽艰辛的队伍。

中央红军于1934年10月离开江西瑞金开始长征，一路浴血奋战，突破了国民党军第一、第二、第三道封锁线，在抢渡湘江、突破第四道封锁线时，伤亡惨重，处境十分艰难。到达遵义后，这支疲惫的队伍在遵义人民的支持下，得到休整。1935年1月15日至17日，中共中央在城内一幢二层小楼召开了遵义会议，实际上开始了以毛泽东为首的党中央新的领导，在最危急的关头挽救了党和红军。

遵义会议后，中央红军四渡赤水，纵横驰骋于川、黔、滇边境广大地区，迂回穿插于敌人数十万重兵之间，积极寻求战机，有效地歼灭敌人，摆脱了敌人的围追堵截，使中央红军在长征中从被动走向主动，然后一路高歌猛进，取得革命的成功。

雄关漫道真如铁，而今迈步从头越。从头越，苍山如海，残阳如血。

（3）

2010年9月，北京城，国展黔茶展厅内。

“这茶味道真不错！哪儿产的？”来展会品茶的客人说。

“遵义，欢迎您有空到咱们那里去做客！”我道。

“遵义？哦，我知道，革命老区嘛，深山里就是出好茶。”

“不只出好茶，还出好酒呢，咱们那儿是茅台酒的故乡。”

“噢，茅台出自遵义呀？好酒好茶，遵义不错呀，印象里革命老区总是山多坡陡、贫瘠落后的山区呢，没想到……”

“遵义可不是您想象的那样，自古以来就有‘黔北粮仓’之美誉。土地肥沃，良田千里。山清水秀，鸟语花香。东部茶海，波涛起伏，连绵不绝；西部丹霞，赤峰林立，千瀑飞泻，山峦叠翠，溪流纵横；北望娄山，烟云苍茫；南临乌江，水韵悠长。逢冬而无严寒，夏至亦不见酷暑。可谓物华天宝，美酒珍茗香飘天下，地杰人灵，人文厚重誉满中华。”

“呵呵，让你这一说，我都心驰神往了，还真是个好地方！”客人说。

何止是个好地方，这里是天爱遵义，人间福地！

目录

CONTENTS

遵义印象

红色浸润的土地 002

人文厚重的历史 006

酿一坛老酒沉醉世界 008

煮半壶香茗回味江南 012

双世界遗产城市 014

地道美食 018

遵义特产 023

夜未央　醉遵义 028

红花岗区

遵义会议会址 039
凤凰山国家森林公园 044
杨粲墓 045
金鼎山 047
深溪湿地公园 049

汇川区

娄山关 052
世界文化遗产——海龙屯 055
1964文化创意园 058
古镇毛石 060

播州区

苟坝会议会址 064
花茂 066
洪关太阳坪 068
大发天渠 070
桨声灯影里的乌江寨 072
乌江渡 076
食味播州 078

桐梓县

杉坪花海（黔北花海） 082
水银河 085
小西湖与天门洞 086
云上九坝 089
食味桐梓 090

仁怀市

茅台镇 096
中国酒文化城 099
茅台天酿景区 100
美酒河石刻 102
盐津大峡谷 104
食味仁怀 106

习水县

土城古镇 111
四渡赤水纪念馆 114
青杠坡战斗遗址 115
丹霞谷 116
飞鸽林场（云海） 118
食味习水 120

赤水市

赤水大瀑布 124
佛光岩－五柱峰 129
燕子岩国家森林公园 133
四洞沟 134
赤水竹海国家森林公园 138
丙安古镇 140
大同古镇 143
中国侏罗纪公园 146
食味赤水 148

新蒲新区

云门囤 154

洛安（沙滩）生态文化旅游区 156

天鹅湖公园、新蒲新区湿地公园与白鹭湖公园 158

贵州农业博览园 162

食味新蒲 164

湄潭县

中国茶海景区 168

翠芽27° 景区 170

湄潭文庙与浙江大学西迁历史陈列馆 174

象山茶博公园 176

食味湄潭 178

凤冈县

茶海之心 182

长碛古寨 184

玛瑙山军事营盘 186

九龙山 187

响水岩古银杏林 188

食味凤冈 190

余庆县

飞龙湖 194

红渡景区 198

老林河风光 200

松烟骑游小镇 202

食味余庆 204

绥阳县

双河洞国家地质公园 210
双门峡 212
红果树 215
清溪峡 216
宽阔水国家级自然保护区 218
观音岩 220
螺江九曲湿地公园 221
食味绥阳 222

正安县

桃花源记 227
尹道真务本堂 230
九道水国家森林公园 232
天楼山 / 十里桐花 236
食味正安 238

道真自治县

中国傩城 244
大沙河国家级自然保护区 246
边城洛龙 247
食味道真 248

务川自治县

九天母石 254
龙潭古寨 256
栗园草场 260
锯齿山（麻阳河）国家级自然保护区 262
石朝天坑群 263
食味务川 264

后记 268

序章 遵义印象

红色浸润的土地

这是一片被红色浸润的土地。

亿万年前，红色便已根植于这片土地的最深处。

丹霞赤壁，其色艳红，孤峰窄脊，其态万千。飞瀑流泉回响山谷，竹海碧波荡漾大地。

元厚镇佛光岩，火红的岩壁在青翠的群山中拔地而起，高200余米，弧长1000余米，层层叠叠的岩层堆积，犹如用生命和鲜血书写的一部红色天书，摊开在半天云海之中。

1935年1月，一支疲惫的红军队伍来到这里。红军的到来，唤醒了这方百姓根植于骨髓深处的红色基因。遵义人民满怀革命情怀，不怕牺牲，到桥头迎接红军，全力拥护和支援红军，使红军给养得到补充，兵力得到充实，部队得以休整，信心得以提振，战斗力得到增强，革命声威不断壮大。

遵义城内，子尹路96号，一幢二层小楼里，召开了一场会议。会议的思想随着小楼的灯光，散发开来，拨开沉沉暗夜，用光芒的力量照亮了未来。

江水映丹霞，残阳落苍山。

传奇的红军从这里整装出发，四渡赤水河，在川、黔、滇边境地区纵横驰骋，一路高歌猛进，一路撒下红色的种子。洪关太阳坪的映山红开了，大娄山脉的映山红开

了，黔北大地的映山红开了，红彤彤的，漫山遍野。在滚滚硝烟里被寒风撕裂的战旗重新焕发光彩，在风雪中猎猎飘扬，飘过长江，飘过雪山，飘到延安，然后弥漫开来，让神州终成一片幸福的红色海洋。

有“文军长征”之称的浙江大学西迁流亡办学，历时两年半，途经浙、赣、湘、粤、桂，最终落脚遵义。湄潭人民热情地接纳了浙大师生，将最好的房舍提供给学校办学和生活。据不完全统计，当年在浙大任教和求学的师生中，有多人后来当选院士，包括后来荣获诺贝尔物理学奖的李政道。这一批中国科学文化的精英，也成为后来中国科学、教育史上熠熠生辉的传奇。

“留得他年寻旧梦，随百鸟，到湄江。”黔北这座小城，给这一群人的人生留下了一段刻骨铭心的记忆。

时光荏苒，岁月流逝，红色的故事在这里代代传递。那些对红军的怀念，仍激励着一代又一代遵义人。红色，便成为这座城市最深刻、最鲜艳的印记！

人文厚重的历史

1972年，在桐梓县城西的岩灰洞里发掘出土了2枚距今约20万年的古人类牙齿化石，这一发现填补了人类发展进化史上的关键一环，学术界将这里发现的古人类命名为“桐梓人”。

春秋时期，濮人是这一地域的原生族群。先秦古籍《逸周书》的“王会解”中有“成周之会……卜人以丹沙”的记载，晋人孔晁在注解中说“卜人，西南之蛮，丹沙所出”。卜人即濮人，为唐宋时形成的仡佬族的先民。

西汉元光五年（公元前130年），汉武帝派唐蒙出使夜郎，以夜郎国乌江以北之地设犍为郡。黔北与中原的交往进一步密切，舍人、盛览、尹珍远赴中原求学，返乡后传播汉文化，被称为“汉三贤”。

唐贞观十六年（642年），播州所领罗蒙县改名遵义县，这是“遵义”名称最早出现的时间。唐乾符三年（876年），杨端以驱逐南诏为由率兵入播，由此开始了杨氏土司对播州长达725年的世袭统治，杨氏土司统治下的播州崇尚汉文化，兴办儒学，建孔庙，用儒家经典学说教化子民，播州风气由此大变。

明万历二十八年（1600年）播州之战后，杨氏土司对黔北的统治终结。播州“改土归流”，分建遵义、平越军民府，遵义军民府属四川，平越军民府属贵州。播州之战的主战场——海龙屯，在400多年后被联合国教科文组织列入《世界遗产名录》。

清雍正五年（1727年），遵义府由四川划归贵州。乾隆年间，遵义知府陈玉璧自山东引柞蚕入遵，由技师指导缫丝织绸，生产的丝绸产品远销西域和南洋，遵义成为全省丝绸生产和贸易中心。清中后期，在新舟沙滩村，黎、郑、莫三氏重视文化，倡导教育，人才代出，著述甚丰，被视为黔北文化的代表。

1935年1月，中央红军到达遵义，召开了举世闻名的遵义会议，强渡乌江、激战娄山、四渡赤水，红军在黔北的3个多月里，将红色与这片土地深深地融合在一起。

1937年7月7日，抗日战争全面爆发，国民政府迁都重庆，遵义成为抗日的后方重镇，接纳了浙江大学、陆军大学、陆军步兵学校等数以百计的内迁机构和数万流亡同胞，并以各种形式持续不断地支持抗日救亡运动，一直坚持到抗战胜利。

1982年2月，国务院公布了第一批24个历史文化名城，遵义名列其中。和遵义一起入选的，还有北京、西安、洛阳、杭州、成都等。拥有深厚底蕴和历史沉淀的遵义，在与红色基因相融后，成就其博大精深、海纳百川、丰富多彩的历史文化，成为首批历史文化名城，何其幸也，亦得其实也！

酿一坛老酒沉醉世界

“咣当”一声，土陶罐掉到地上，碎成了几块，陶罐里盛着的液体洒了一地，香味飘散开来，直扑入鼻，沁人心脾。声音吸引了人们的目光，扑鼻而来的香味更让他们好奇，纷纷围拢过来。有人蹲下来，用手蘸了蘸陶片上残存的液体，轻轻放入口中，然后禁不住竖起了大拇指。这便是1915年巴拿马万国博览会上发生的神奇一幕。茅台酒经此一摔，便声名大震，名扬海外。

遵义产酒，有着悠久的历史积淀。据传，远古时赤水河畔的土著居民——濮人，

已善于酿酒。汉武帝时期，唐蒙取仁怀一带产的枸酱酒献给汉武帝，汉武帝饮后，觉得甘美异常，赞其“甘美之”！

遵义出土的酒器酒具，宋代生产“风曲法酒”的“春阳岗糟房”，以及“茅台酒酿酒工业遗产群”，都见证着遵义酒文化的悠久历史。

茅台镇的酿酒人，依托独特的地理、气候条件，利用空气中的微生物群，顺应酿酒规律和自然天理，巧夺天工地酿造出了优雅细腻、酒体醇厚的酱香型白酒。遵义人善酿酒，不独在茅台。城区北郊董公寺镇的董酒百草入曲，醇和浓郁，被誉为“董香”；习水县习酒镇的习酒，与茅台酒一脉相连；播州区鸭溪镇生产的浓香型鸭溪窖

酒，口感厚重，净爽绵甜，被誉为“酒中美人”。

1963年秋，北京，国家轻工业部举行第二届全国评酒会，评选出中国白酒八大名酒，遵义市以茅台酒、董酒夺得两席。以后的历届评酒会，茅台酒、董酒全部蝉联“中国名酒”称号，并获得金质奖章。1989年的第五届全国评酒会，又有习酒、珍酒、湄窖获得“中国优质酒”称号，进一步奠定了遵义白酒的地位。

近年来，遵义白酒又涌现出一大批知名品牌，国台、汉酱、酒中酒、百年糊涂、钓鱼台、花茂人家、小糊涂仙、金酱酒等，众多品牌让遵义白酒的声名更为显赫。

煮半壶香茗回味江南

“茶者，南方之嘉木也……黔中生恩州、播州、费州、夷州……往往得之，其味极佳。”一千多年前的“茶圣”陆羽，在其著作《茶经》里，对黔茶予以极佳评价。

遵义地处北纬27°左右，这里山峦起伏，溪流纵横，植被丰富，空气清新，具有高海拔、低纬度、寡日照等地理特点。好山好水，自然出好茶。黔茶之味，藏于深山，隐于密林，偶有得之，其味极佳。所以黔茶，在交通不发达的古代，往往极其珍贵。优质的茶叶，也需精湛的制茶工艺才能发掘其精华。这一天来了，抗战期间，民国中央实验茶场在湄潭建立，西迁遵义办学的浙江大学以人才、科学器材优势，帮助、指导实验茶场开展科学研究。张天福、刘淦芝、李联标、徐国桢、叶知永等大师级茶人集聚于此。他们培育的各色茶叶品种，沿着崎岖的“史迪威公路”出口到东南亚，换来抗战急需的枪支弹药。这个满是家国情怀的茶场，无意间推开了中国现代制茶业的大门，也让黔茶天然的品质与先进的制茶工艺有了一个美丽的相遇。

西迁湄潭的浙江大学，在苏步青等科学巨匠的带领下，成立

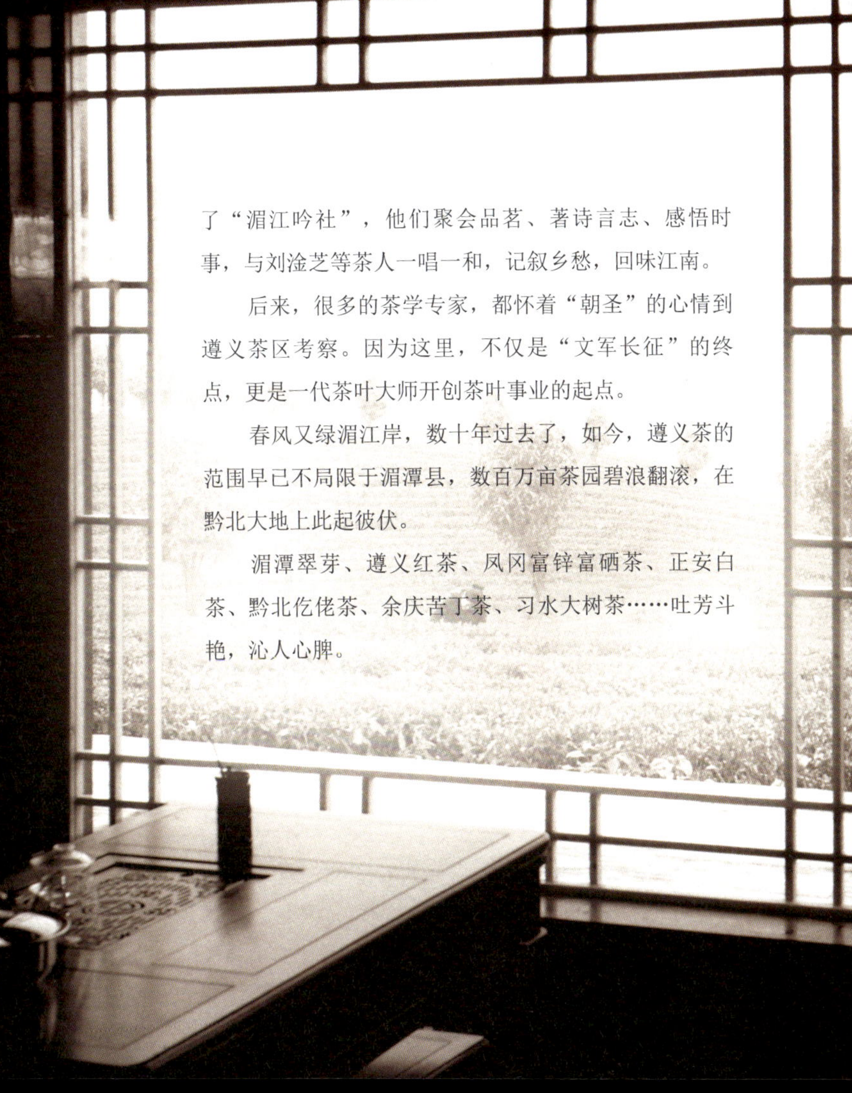

了“湄江吟社”，他们聚会品茗、著诗言志、感悟时事，与刘淦芝等茶人一唱一和，记叙乡愁，回味江南。

后来，很多的茶学专家，都怀着“朝圣”的心情到遵义茶区考察。因为这里，不仅是“文军长征”的终点，更是一代茶叶大师开创茶叶事业的起点。

春风又绿湄江岸，数十年过去了，如今，遵义茶的范围早已不局限于湄潭县，数百万亩茶园碧浪翻滚，在黔北大地上此起彼伏。

湄潭翠芽、遵义红茶、凤冈富锌富硒茶、正安白茶、黔北仡佬茶、余庆苦丁茶、习水大树茶……吐芳斗艳，沁人心脾。

双世界遗产城市

赤水丹霞，赤如华丹，美如朝霞，远远望去，青山绿水间一壁赤红色的山崖赫然挺立，巍然傲气，惊艳绝伦，万千年不改其色。

赤水丹霞结合了瀑布、湿地、翠林等其他大自然美景。森林覆盖率超过90%，被称为“绿色丹霞”和“覆盖型丹霞”；大面积的远古植物桫椤和多种珍稀濒危动植物一起，成为赤水丹霞独有的特征。赤水的丹霞地貌，以其艳丽鲜红的丹霞赤壁、拔地而起的孤峰窄脊、仪态万千的奇山异石、巨大的岩廊洞穴和优美的丹霞峡谷，与绿色森林、飞瀑流泉相映成趣，具有极高的旅游观赏价值。

中国当代丹霞地貌研究领域学术带头人黄进教授评价说：“我走过中国的山山水

水，赤水，是我所走的地方，发现丹霞面积最大，发育最完整、最具典型性和代表性、最年轻的地貌，是中国丹霞地貌最美的地方”“赤水丹霞地貌面积之大，发育之典型，壮观美丽，当属全国第一”。

2010年8月1日，在第34届世界遗产大会上，以赤水丹霞为代表的“中国丹霞”被列入《世界遗产名录》。

遵义申遗的脚步并未停歇，5年后，在德国波恩举行的第39届世界遗产大会上，以贵州播州海龙屯遗址、湖南永顺老司城遗址、湖北唐崖土司城遗址为代表的“中国土司遗址”被列为世界遗产。

海龙屯高踞龙岩山，孤峰插云，群山环抱，四周沟深壑险，猿猱难逾。

南宋末年，为抗击元军，播州第十五代土司杨文构筑军事堡垒海龙屯。末代土司杨应龙时期，与明王朝的矛盾不断升级，杨应龙将城堡及宫室扩充加固，屯兵屯粮。明万历二十四年，播州之战爆发，明王朝集四川、贵州等八省20余万大军直扑海龙屯，顿时，烽烟席卷黔北大地。万历二十八年（1600年），海龙屯陷落，杨应龙自缢，屯上房屋宫室，皆被付之一炬。

400多年过去了，云卷云舒，海龙屯的城墙在风霜雨雪中被侵蚀剥落，昔日的繁华过往、金戈铁马都如浮云般消散，只留残碑断碣，苍烟落照。

Delicious

无法抵挡之诱惑！

地道美食

羊肉粉

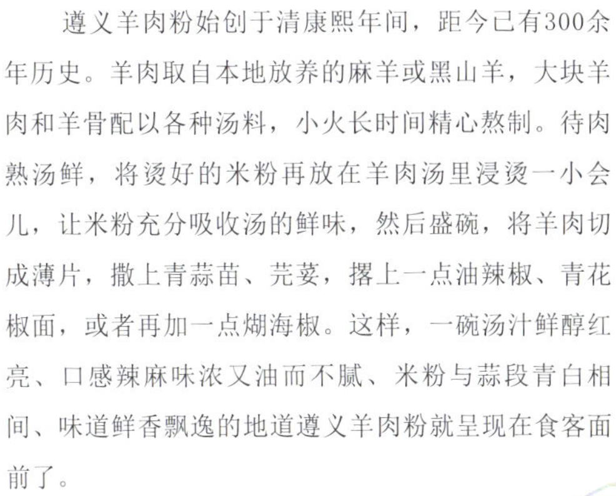

遵义羊肉粉始创于清康熙年间，距今已有300余年历史。羊肉取自本地放养的麻羊或黑山羊，大块羊肉和羊骨配以各种汤料，小火长时间精心熬制。待肉熟汤鲜，将烫好的米粉再放在羊肉汤里浸烫一小会儿，让米粉充分吸收汤的鲜味，然后盛碗，将羊肉切成薄片，撒上青蒜苗、芫荽，搭上一点油辣椒、青花椒面，或者再加一点煳海椒。这样，一碗汤汁鲜醇红亮、口感辣麻味浓又油而不腻、米粉与蒜段青白相间、味道鲜香飘逸的地道遵义羊肉粉就呈现在食客面前了。

豆花面

豆花面与羊肉粉齐名，乃遵义两大名小吃之一，创制于20世纪初，由佛教素面演变而来。豆花面的面条是前一天将面粉加适量土碱，揉搓后做成的薄而透的宽面条，下锅时面条还是润的，称为水面。将煮好的面条捞起，以豆浆为汤，上盖嫩豆花，另加辣椒水一碟，将豆花与面挑入辣椒碟中食用，豆花入口即化，蘸水辣而不猛，口感油而不腻。蘸水分素、荤两种供食客选择，与川黔菜很多蘸水撒点葱花不同，豆花面的素蘸水里放的是几片薄荷（本地称鱼香菜）和香脆的花生米。荤蘸水配有瘦肉丁、鸡肉丁。

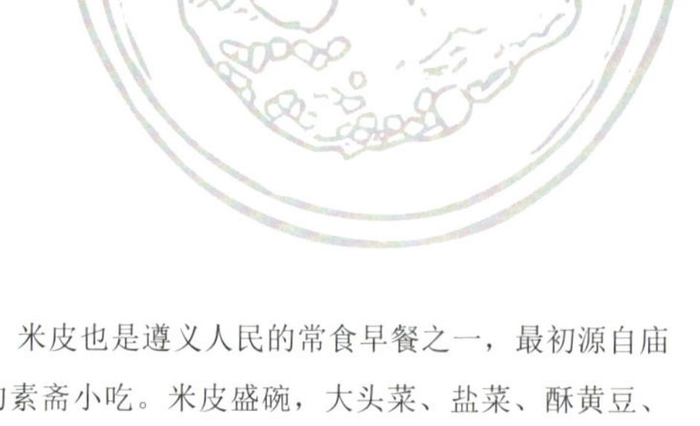

红油米皮

米皮也是遵义人民的常食早餐之一，最初源自庙里的素斋小吃。米皮盛碗，大头菜、盐菜、酥黄豆、葱花放于米皮上，红油辣椒、酱油、醋、味精、麻油、花椒油、姜蒜水兑成汁浇淋在米皮上面即成。因最初是寺庙中和尚所做，故又称和尚米皮，后在遵义民间流行开来，根据不同口味，衍生出榨菜肉丁、辣子鸡丁等不同肉臊的种类。红油米皮最大的特点是用遵义辣椒做出的红油辣子，香辣爽口，开胃生津。洁白的米皮淋上火红的油辣子，色香味俱全。

遵义凉粉

遵义盛产豌豆、胡豆，以这两种豆为原料做成的凉粉是遵义人夏天里最爱的小吃。豌豆凉粉色泽淡黄，胡豆凉粉色泽蓝灰，两种凉粉都是将原料洗净，磨浆过滤，沉淀，分层取粉，采用搅拌、火煮等传统工艺制作而成。食用时切成条状入盘，加蒜泥水、姜末水、盐酱、油辣椒、酱油、麸醋等佐料，拌匀即可。凉粉入口细嫩清凉，具有辣香、微麻、凉爽的特点。遵义中心城区及其周边城镇以鸭溪镇和南白镇的凉粉最具吸引力，不少游客慕名前往，除了就地品尝，还大包小包地打包带走，把这乡土美味带向四面八方。

豌豆糯米饭

豌豆糯米饭有两种吃法。一种吃法是“汤饭”，将豌豆泡涨，加猪大骨一起烧开，小火慢炖至起沙，熬制好的豌豆汤比较浓稠。另将蒸好的糯米饭盛入碗中，加榨菜肉丁、盐、鸡精等调味，再将炖好的豌豆猪骨汤浇在糯米饭上，撒上葱花，能吃辣的放点油辣椒，搅拌后食用。炖煮后的豌豆烂熟，豆香浓郁，吸收了骨汤的鲜美，与蒸熟的糯米融合，产生丰富的滋味。另一种吃法叫“干馏”，糯米饭放上炒制好的肉丁，加调料后拌匀食用，汤用碗盛放后单独喝，别有风味。

大肉面

大肉面各地均有，在物资匮乏的年代，单听这名字就让人垂涎。遵义大肉面一般用水面，爽滑筋道，面汤用大骨汤，面条之上是几乎覆盖了半个碗约半个巴掌大的一块红烧五花肉。肉通常有七八毫米厚，肥瘦相间，酱汁饱满，油光闪闪，筷子夹起来颤颤悠悠，咬一口满嘴流油，香而不腻，与面条相佐，既解馋又饱腹。除了大肉面，还有大排面，根据食客的要求，又延伸出大肉米皮、大排米皮，以及大肉粉、大排粉等。

茶汤

遵义传统特色小吃，是将大米、糯米等混合炒香后磨成粉，食时用茶叶水拌匀，煮至糊状，加馓子做成的。遵义卖茶汤的档口一般都不大，老城一带居多，经营者与食客年纪也都较大，可谓老城、老店、老顾客、老味道。店中大锅里盛着已经调好的面糊，根据客人需要，加入鸡蛋调和均匀，再加馓子、香油、花椒面、葱花。闻之清香，食之可口，酥脆的馓子混在其中，有软硬不一的混搭口感。

恋爱豆腐

以爱情的名义称呼一道小吃不多见，恋爱豆腐算一道。制作时将切成长方形小块的豆腐摆在钻有许多小孔的铁板上，下面用锯木屑或糠壳以暗火烧之，待一块块雪白的豆腐在铁板上被熏烤得外皮发黄时，将豆腐划开，灌入煳辣椒、折耳根、葱花、酱油等调制好的佐料，再将其放入瓷碟，让食客趁热食用。恋爱豆腐外皮有特殊的烟熏香味，内里十分细嫩，加上麻辣鲜香的调味汁，口感十分丰富。年轻情侣常坐在摊前的小凳上一边吃一边呢喃蜜语，恋爱豆腐之名便传播开来。

遵义特产

遵义白酒

遵义是中国酱香型白酒的发源地，同时也是全国为数不多的拥有两种中国老八大名酒的地级市之一。中国出好酒，好酒在遵义，这与遵义得天独厚的生态环境密不可分。这里冬无严寒，夏无酷暑，气候温和，雨水丰沛，阳光充足，几乎无工业污染，是一处世间难寻的酿酒宝地。优越的地理环境和历史悠久的酿酒工艺，催生出了以茅台酒、国台酒、珍酒等为代表的酱香酒系列品牌产品。与此同时，其他类型白酒在这里也得到了很好的发展，如一枝独秀的董香型董酒，茶香型的湄窖菩提子茶香酒，以及浓香型习酒、鸭溪窖酒等，都是全国知名的白酒品牌。特色鲜明的品牌，独特的工艺，琳琅满目的白酒产品，给予爱酒游客更多选择。

遵义茶

遵义茶历史悠久，唐代茶圣陆羽在《茶经》里已经有了关于遵义茶品质的描述。遵义地处北纬27°左右，具有高海拔、低纬度、寡日照等特点，十分适宜茶树生长。而100多万年前的那颗茶籽化石，更证明了贵州是茶的故乡。在湄潭、凤冈、余庆、正安等县，茶海连绵不绝，在遵义西部的赤水、习水的山林里，大树茶与丛林共生，遵义出产的茶叶包含绿茶、红茶、白茶、青茶、黑茶、苦丁茶等品种。湄潭翠芽、凤冈富锌富硒茶、遵义红茶、正安白茶、余庆苦丁茶、习水大树茶等，都是遵义茶颇具代表性的产品。

遵义辣椒

遵义是辣椒之乡，遵义的辣椒既香又辣，品质优良，是辣椒中的上品。辣椒的加工、食用方法更是多样：干辣椒加生蒜、生姜泼沸油或油锅熬制的油辣椒，用柴火将干辣椒烤焦揉碎而成的煳辣椒，鲜红辣椒剁碎入坛制成的糟辣椒，鲜红辣椒泡制而成的泡椒，以及青红辣椒在炭火上烧透剁碎调制成的炭烧辣椒等。各种方法制成的成品、半成品，既可以当作佐料加入其他菜肴，也可独立成佐餐的小菜。喜辣人士来遵义千万不要错过尝试用任何一种方式调制的辣椒的机会哦。

高山坝子米

遵义素有“黔北粮仓”之称，这得益于环抱于群山之中大大小小的“坝子”。贵州多山，分布于群山河谷的平地，便被当地人称为“坝子”。坝子上地势平坦，气候温和，从四面群山流下的溪水，既保证了水稻种植的灌溉用水需求，也从山上带来了丰富的营养，使在坝子上种植出的大米颗粒饱满，入口松软香糯。遵义不少坝子生产出的大米在历史上曾作为贡米进贡朝廷，专供皇室享用，其中以城北的海龙坝子、城南的池坪坝子以及湄潭的湄江坝子种植出的贡米为代表。

赤水晒醋

赤水晒醋是中国地理标志保护产品，采用固体发酵繁殖产生天然醋酸菌，醋醅和成品醋都在日光下长久曝晒而成，故称晒醋。赤水晒醋以独特的民间传统工艺酿制。几十道精湛复杂的工序，纯天然中草药精制秘方，赤水河谷独特的低海拔地理环境，两三年以上漫长夏季高温曝晒，使赤水晒醋形成了独具一格的地方特色，其具有香、浓、酸、醇等特点。原汁晒醋长期保存不变味，不生花，不变质。赤水晒醋观之色泽红棕、嗅之酸香扑鼻、沁人肺腑，食之酸甜可口、浓香味美、回味悠长。

绥阳空心面

绥阳空心面纤细如发，却中间有孔，贯通上下，其制作技艺被列为贵州省级非物质文化遗产，在民间已经流传数百年。绥阳空心面以前多为家庭作坊生产，全手工制作，做时需夫妻二人配合，故又名夫妻面。其原料考究，制作方法独特，具有纤细、久煮不烂、味美等特点。

遵义鸡蛋糕

遵义鸡蛋糕已有百余年历史，具有金黄油润、甜咸可口、指压起窝、指放复平的特点，其制作技艺被列为省级非物质文化遗产。

一块小小的遵义鸡蛋糕，要经历20余道工序才能制作完成，其中最具特点的是烤阴火、烤阳火工艺。烘烤时火分底火和面火，也叫作阴阳火，底火用于烘烤鸡蛋糕底部，面火用于烘烤鸡蛋糕表面，两种火的温度不一样，制作人员需精心烘烤，既要保证每个鸡蛋糕受热均匀，又要保证达到火候，对阴阳火的把握往往决定了鸡蛋糕品质的高低。

赤水金钗石斛

赤水金钗石斛，中国传统名贵中药材，有很高的药用价值，与冬虫夏草、人参、雪莲等名贵中草药齐名，被国际药用植物界称为“药界大熊猫”。金钗石斛还具有观赏价值，属名贵兰花品种。赤水独特的气候和环境，使其成为金钗石斛生长的摇篮。目前赤水已建成中国最大的国家级金钗石斛生产基地，基地金钗石斛人工种植面积占国内金钗石斛人工种植总面积的90%以上。早在2006年，赤水金钗石斛就被评为中国地理标志保护产品。

遵义黄糕粑

黄糕粑为遵义特产，尤以播州区南白镇所产的最为出名。其主要原料为上好的大米、糯米和黄豆，是将大米磨成粉，糯米蒸熟，黄豆磨浆，掺和拌匀，搓揉成长条形，外包斑竹笋壳蒸制而成的。蒸熟后的糕体表面黄亮油润，不粘手。切口断面呈金黄色，细腻而油润，其中的糯米粒晶莹闪亮，蒸、炸、烤、煎等吃法均可。切片蒸食口感绵、软、香、糯，滋润爽口。如果油炸或者烘烤，则外焦内糯、香味浓烈。

夜未央 醉遵义

华灯初上，夜幕垂空，湘江河两岸的灯光璀璨如星河！
一杯鸡尾酒配一次邂逅，是遵义城的夜；
一杯啤酒配一支肉串，是遵义城的夜；
一席烙锅配一瓶白酒，是遵义城的夜；
一杯清茶配一副扑克，也是遵义城的夜……
遵义城，夜色未央时，
生活的快乐，正在城市的角落弥漫……

经典
凤凰山小豆腐
手工冰粉
捞沙巷第一家
手工五彩冰粉
免费教学
长沙臭豆腐
冰粉
鸡翅包饭
烤猪蹄

捞沙巷

捞沙巷位于遵义会议会址旁的步行街中段，从巷口到巷尾，百余家店铺都以经营小吃为主。除羊肉粉、洋芋粑、怪噜饭、恋爱豆腐、筌饭、凉粉、凉面、苞谷粑、砂锅米线、冰粉等地道遵义小吃外，外地小吃也十分丰富。瓦罐煨汤、韩式石锅饭、成都麻辣烫、罐罐饭、烧烤等，香辣的、酸甜的、清淡的、重口的，酸甜苦辣咸，应有尽有。

入夜的捞沙巷，烟火味十足，各式小吃在灯光的加持下，更加诱人。

遵义纪念公园

遵义纪念公园西北角靠红军街一侧，是年轻人喜爱的酒吧聚集地。这里古木参天，空气清新。五颜六色的灯光照射在树冠上，让夜生活多彩而美丽。

湘江河畔

从老城新华桥头到遵义纪念公园的湘江河畔，露天茶馆是穿背心、摇蒲扇的中年大叔的最爱。而湘江水坝跳墩旁一溜小而别致的酒吧、咖啡吧、奶茶吧里，时尚的青年男女则在幽暗的灯光下欢声笑语。中式茶馆与西式酒吧在这里各不相扰，又相互映衬。

苏州路

文艺精致的堂博府，诡异奇特的百鬼夜行，品位高雅的蓝调音乐酒馆……不同风格的酒吧、茶舍分布在苏州路，让苏州路的夜，犹如苏州那个城市，透着一丝温暖的诱惑。

除此之外，美食也是苏州路的名片，黔菜、川菜、湘菜、日韩料理等，总有一道美味可以满足你的胃。

广珠商圈

珠海路与广州路交会处至珠海路与南京路交会处周边，是遵义市餐饮及夜生活比较集中的区域，并有北京华联超市、华润万家超市以及国贸广场、海珠美食广场等大型购物、生活配套设施。这里既有大型海鲜自助餐厅、高档宴会酒楼，也有日常美味小吃店，更有休闲时尚的咖啡馆、禅味十足的茶道馆、精致的日韩料理店等，是遵义市非常现代、热闹的休闲商业区和夜经济活跃区。

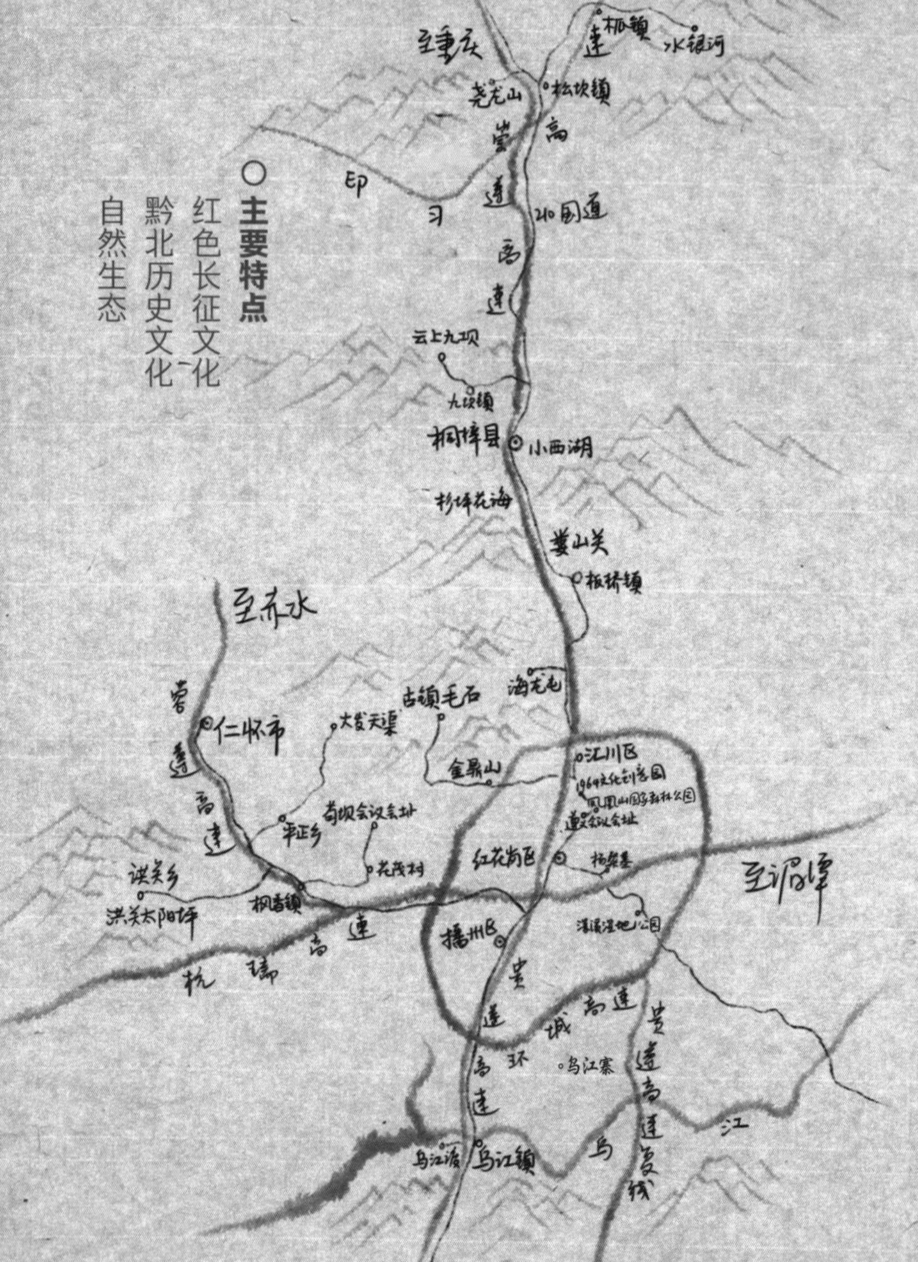

主要特点
红色长征文化
黔北历史文化
自然生态
至重庆
松坎镇
尧龙山
水银河
210国道
桐梓县
小西湖
娄山关
板桥镇
至赤水
海龙屯
古镇毛石
仁怀市
大发天渠
金鼎山
1964文化创意园
凤凰山国家森林公园
遵义会议会址
苟坝会议会址
花茂村
红花岗区
枫香镇
洪关太阳坪
至湄潭
播州区
乌江寨
乌江镇
乌江渡

中线

红花岗区

汇川区

播州区

桐梓县

红花岗区

红花岗区是遵义市的中心城区之一。北与汇川区接壤，南与播州区相邻，东面为新蒲新区，西面为播州区与汇川区辖区。自南宋淳熙三年（1176年）土司统治者杨轸在穆家川修建遵义城至今800余年，红花岗区一直是遵义市的政治、经济、文化、交通中心。

1935年1月，中国工农红军长征到达遵义，在子尹路原国民党二十五军第二师师长柏辉章的私邸召开了具有伟大历史意义的遵义会议，红色文化成为红花岗区闪耀夺目的金色名片。红军总政治部旧址、中华苏维埃共和国国家银行旧址、红军街、红军烈士陵园、遵义纪念公园、毛主席住居等红色旅游景点，众星拱月般散布在遵义会议会址周围，熠熠生辉。

除了红色文化，红花岗区西北部的金鼎山还是黔北佛教文化中心，其有“小峨眉”之称，与山脚下的海龙湖湖光山色相映，落霞与鸥鹭齐飞，组合成一幅醉人的黔北乡村画卷。城中心的凤凰山国家森林公园曲径通幽，古木参天。位于深溪镇的全国重点文物保护单位——杨粲墓，因精美绝伦、栩栩如生的石刻艺术而被誉为“西南古代石刻艺术宝库”。

遵义会议会址

在遵义市红花岗区子尹路96号，毛泽东题写的“遵义会议会址”六个大字在两扇大红门上方悬挂着的黑色牌匾上金光闪闪，格外醒目。这里原系国民党二十五军第二师师长柏辉章的私邸，建于20世纪30年代中期，是当时遵义城里首屈一指的宏伟建筑。1935年1月，红军长征到达遵义后，将此地作为红军总司令部驻地。1月15日至17日，著名的遵义会议（即中共中央政治局扩大会议）在主楼小客厅举行。

会址主楼坐北朝南，一楼一底，为曲尺形，砖木结构，歇山式屋顶，上盖小青瓦，楼房有抱厦一圈，楼顶有一“老虎天窗”，建筑风格中西合璧。楼层两侧有走廊上下，二楼走廊可凭眺四周苍翠挺拔的群山。

主楼外是一个广场，广场右侧是遵义会议陈列馆，分“战略转移，开始长征”“遵义会议，伟大转折”“转战贵州，出奇制胜”“勇往直前，走向胜利”“遵义会议，精神永存”等几个部分，展现了遵义会议的历史内涵及红军长征转战贵州的史迹。

【红军街】

遵义会议陈列馆的出口处是杨柳街，自杨柳街上行100余米，右拐便进入了红军街。放眼望去，两旁是错落有致的仿古小楼，木栏青瓦，雕花门窗，古色古香，体现出黔北民居特有的建筑风格。

红军街融观光、休闲、餐饮、娱乐、购物于一体。产自遵义本地不同品牌的酱香型、浓香型白酒，湄潭翠芽茶、余庆苦丁茶、正安白茶、遵义红茶等，以及老字号火烤鸡蛋糕、苕丝糖、天麻、杜仲、金银花、石斛等当地名优土特产品，琳琅满目。

行程导航：遵义会议会址位于遵义市最繁华的区域——老城，市区很多公交线路都会经过。自驾游的游客在兰海高速遵义收费站出高速，经湛江路、洗马路、子尹路、解放路即可到达。

【红军烈士陵园】

红军烈士陵园位于距遵义会议会址约1km的小龙山上。1953年，遵义市政府确定修建红军烈士公墓，将当年长征途中在这里牺牲的烈士遗骸陆续集中迁至山上；1954年，将早已远近闻名的“红军坟”从桑木椏也移到了小龙山，群众由此称小龙山为“红军山”。经过多年来的维修整理，成为现在颇具规模的红军烈士陵园。

红军烈士纪念碑建于1984年，碑高30m，正面有邓小平题写的“红军烈士永垂不朽”八个大字，碑的外围是一个直径20m的大圆环，圆环内壁有4组汉白玉石浮雕，内容分别是“强渡乌江”“遵义人民迎红军”“娄山关大捷”“四渡赤水”。

1986年10月15日，国务院批准遵义红军烈士陵园为全国重点烈士纪念建筑物保护单位。

红军女卫生员铜像

1935年，中央红军长征在遵义期间，据说有一位红军卫生员走村串寨，为贫苦百姓治病，被大家视为救苦救难的“菩萨”。当红军撤离遵义时，卫生员为了抢救一个生病的孩子延误了时间，未能与大部队一起撤离，被敌人杀害。当地百姓深切缅怀红军卫生员，将其埋葬，并时时到坟前祭拜凭吊，祈求“红军菩萨”保佑。1954年，遵义市人民政府将“红军坟”迁到红军烈士陵园。

后来，艺术家创作了红军女卫生员喂药的铜像雕塑，人们便将对“红军菩萨”的缅怀、祈祷之情倾注在这尊雕塑上。“摸摸红军脚，保你无病消灾好生活”，铜像小腿和脚的部位因抚摸的人多而变得锃亮。

凤凰山国家森林公园

凤凰山国家森林公园位于遵义市中心城区，是以森林植物景观为主体，并与人文景观相结合，多功能、开放式的城市型森林公园。山上古木参天，绿荫蔽日。山下是凤凰山文化广场，广场东侧是古色古香的公园大门牌楼，彩绘龙凤栩栩如生，“凤凰山公园”五个描金大字由著名画家刘海粟题写。

凤凰山主峰上有凤凰楼，登楼顶可观遵义城全景，湘江河如玉带缠绕，城市高楼在绵绵群山中此起彼伏。

凤山滴翠
湘水流金

春天，凤凰山国家森林公园的大树吐露新芽，嫩绿得醉人，像水滴一样，仿佛随时会滴入河里。秋天来临，湘江河畔茂盛的法国梧桐叶子变黄，倒映在湘江河里，将湘江河染成金黄色，粼粼波纹向下流淌。于是，就有了春来凤山滴翠、秋至湘水流金的美景。

杨粲墓

行程导航：杨粲墓位于深溪镇坪桥村，乘305路公交车在坪桥站下车，步行不远即可到达。自驾游从忠庄立交桥走遵义大道到坪桥，然后步行到达即可。

杨粲墓，坐落在红花岗区深溪镇坪桥村皇坟嘴，建于南宋。四周青山环抱，三面湘江环绕。墓南、北两室并列，结构为平顶双室，白砂岩条石砌筑，最大的一块石料据说重达一万二千余斤，以子母扣层层套合的方法固定，规模在西南地区已发掘的同类宋墓中居首位。墓内外有内容丰富、技艺精湛的石刻，人物花卉、飞禽走兽等，雕工精湛，栩栩如生，具有极高的历史、艺术价值。

杨粲墓为第二批全国重点文物保护单位。

杨粲系唐僖宗乾符三年（876年）入据播州（即今遵义）的杨氏鼻祖杨端之十三代孙，为杨轼之子，幼年过继给伯父杨轸为嗣。杨粲少年即怀大志，秉性好学，笃信儒家经典。宋宁宗嘉泰初年（1201年）袭播州安抚使，执掌播州几十年，是播州史上一位很有作为的中兴人物。

金鼎山

黔北佛教名山，位于金鼎山镇人民政府北约2km处，山分九支，犹如九龙环拱，故历史上曾名“九龙山”。金鼎山海拔1608m，山势磅礴，群峰峻峨，削立万仞，直插天际，南宋时被尊为播州“群龙”祖山。明清时期，佛事大兴，清帝赐封金鼎山“小峨眉”，增建庙宇，从山脚至山顶依势建有观音寺、石佛寺等庙宇。每年农历六月举行盛大庙会，各庙钟鼓齐鸣，香烟缭绕，人声鼎沸，人头攒动，热闹非凡。很多市民甚至在头一天夜晚从遵义城区徒步约15km前往，夜里登山，第二天清晨在山上看完云海日出后再烧香拜佛。

行程导航：离兰海高速遵义收费站不远有高桥客运站，在高桥客运站有直达金鼎山镇的公交车，自驾游的客人从遵义绕城高速海龙收费站出高速，左转走金海公路可到达金鼎山山脚。

深溪湿地公园

“绿水逶迤，芳草长堤，隐隐笙歌处处随”，用这句优美的诗形容今天的深溪湿地公园一点也不为过。

草地、树林以及造型各异的桥是深溪湿地公园的亮点。秋天，树叶开始发黄，早上或下午的阳光拉长了树荫，映衬在碧绿的草坪上，又倒映在水面上，变化多端。江南味道的拱桥，现代风格的彩虹桥，九曲回转的廊道，随形就势地出现在或宽或窄的河道上。你站在桥上看美丽的风景，看风景的人在桥下看你，充满了诗意。

行程导航：可以在城区乘305路公交车在终点站下车，步行不远即到达公园。自驾游在杭瑞高速深溪收费站出高速，沿205省道行驶到达公园停车场。

汇川区

汇川区位于贵州省遵义市中心城区北部，北与桐梓县接壤，南与红花岗区相邻，东面为新蒲新区、绥阳县，西部为仁怀市。1992年7月，遵义经济技术开发区成立，该区是全省首批成立的3个省级经济技术开发区之一。2003年12月26日，遵义经济技术开发区经国务院正式批复设立遵义市汇川区。2010年，遵义经济技术开发区升级为国家级经济技术开发区。

汇川区人文历史厚重，境内有红军长征取得第一次大胜利的地方——娄山关，一代伟人毛泽东在这里挥毫写下了“苍山如海，残阳如血”的壮美诗篇；有南宋时期修建、经历过明万历年间三大战役之一的播州之战的古军事城堡——世界遗产海龙屯。20世纪60年代，中央政府在西南腹地实施“三线建设”战略，“三线建设”史在汇川留下了众多痕迹，由原长征电器十二厂老厂房改造而成的1964文化创意园，便是这段历史的最好见证。

除了厚重的人文景观，汇川区北部的大娄山跌宕起伏、连绵不绝、林木茂盛、空气富氧、景色优美、夏季凉爽，是休闲旅游、避暑纳凉的理想之地。

娄山关

行程导航：娄山关位于汇川区与桐梓县交界处，从贵阳方向来的自驾游客在兰海高速观坝出口出高速，沿210国道往北行驶到达景区；从重庆方向来的自驾游客可在桐梓收费站出高速，沿210国道向南行驶到达景区。

娄山关位于汇川区和桐梓县的交界处，南距遵义城区约48km，北距桐梓县城约8km，是大娄山的主峰，海拔约1576m。

娄山关附近地势十分凶险，这里千峰万仞，重峦叠嶂，峭壁绝立，素有“一夫当关，万夫莫开”之说，被称为“黔北第一险要”。1935年2月25日、26日，中国

工农红军红三军团与王家烈的黔军部队展开激战，红军在战斗中重创黔军4个团，取得了遵义会议后的第一个大胜仗。娄山关一役后，毛泽东策马经过山隘，留下了气壮山河的《忆秦娥·娄山关》：雄关漫道真如铁，而今迈步从头越。从头越，苍山如海，残阳如血。

如今的娄山关硝烟不再，但红军战斗过的战壕、留下的弹坑仍旧诉说着那段烽火岁月。在观景台上，苍茫雄关尽收眼底，极目处千峰万仞。“山势绵亘，横亘数百里”的大娄山，像一条巨龙飞腾于茫茫云海之间，北据巴蜀，南扼黔桂，

冬天，一定要去娄山关赏雪，雪景是娄山关的一道奇特风景。白白的雪，成片成堆的，遍布娄山。潮湿的水雾附在光秃秃的树枝树干上，凝结成晶莹剔透的冰条，折射着变幻的光影，与雪景一起构筑成一座神奇的城堡……

娄山避暑

每到夏季入伏，娄山平均气温仅约21℃，处处山涧小溪轻轻流淌，风和日丽，鸟语花香，群山环绕之中，森林覆盖率高达90%，每立方厘米负氧离子达20000余个，真可谓天然空调和天然氧吧！板桥镇就坐落于娄山脚下，是“天然氧吧”小镇。大娄山烟云缥缈，从娄山关流下的溪水绕镇而过，宜人的气候、清新的空气、优美的环境，成就了板桥镇休闲康养避暑胜地之名。

世界文化遗产——海龙屯

海龙屯位于汇川区高坪镇，雄踞龙岩山之巅，孤峰插云，群山固结，左右环溪，阴深险峻。南宋宝祐年间，播州第十五代土司杨文为抗击元军，开始在此修建军事要塞。到明朝万历年间，末代土司杨应龙对海龙屯原有的城堡、宫室进行了扩充加固，又筑前后九关作为抵御防线，将海龙屯打造成一个外防固若金汤、内防设施齐备、粮草充足的军事堡垒。

1600年，播州之战，明朝集八省之力，大军分八路直扑海龙屯。坚固的海龙屯在大炮的轰击之下被攻陷，杨应龙自缢，杨氏家族经营725年的土司王国轰然倒塌。曾经固不可摧、屋廊连宇的海龙屯被点燃，熊熊火光映红天空。众多关隘、新旧王宫等，皆只剩下残碑断碣……

多少年过去，海龙屯依旧在群山之巅展露雄姿。作为中国乃至亚洲保存最为完好的古军事城堡遗址，同时作为中国土司制度的历史见证，海龙屯以其完整性、真实性、艺术性和神秘性，真实地记录了古播州700余年的土司文化，被列为世界文化遗产。

行程导航：海龙屯位于汇川区高坪镇，在兰海高速海龙屯收费站出高速左转，经汇川大道、呜海公路到达景区停车场。

2015年7月4日，在德国波恩举行的第39届联合国教科文组织世界遗产委员会会议上，贵州播州海龙屯遗址、湖南永顺老司城遗址、湖北唐崖土司城遗址联合申报的“中国土司遗址”，成功入选世界文化遗产项目，成为中国第34项世界文化遗产，也是中国第48项世界遗产。

1964文化创意园

1964文化创意园在原长征电器十二厂原址原貌的基础上打造，以“三线建设”为主题，建有“三线建设”展示馆、创意办公区、多功能展厅、1964美术馆、艺术中心、健身中心、旅游休闲区、广场、主题酒店等。

1964年，超过8万名工人、干部、知识分子在“备战备荒为人民”“好人好马上三线”的时代感召下，背起行囊，告别亲人，跋山涉水来到遵义，风餐露宿，肩挑背驮，用艰辛、血汗和生命，建起了多个大中型工矿企业和科研单位，它们共同构成了遵义的“三线厂”，为遵义经济社会的发展和科技进步作出了积极贡献。

进入园区，一幢幢保存完好的红砖厂房整齐匀称地排列在道路两旁，老式火车头、大型工业机械、工业主题雕塑点缀在园区的空地与绿化间。美术馆正举办画展，参观完画展的人，三三两两地，或在老式火车头前照相留念，或进入园区的主题咖啡馆坐下来闲谈。有孩子在梧桐树广场上欢笑地追逐着，老人们在旁边，笑眯眯地盯着奔跑的孩子，不时大声地提醒着：“跑慢点，小心摔倒。”这里，正成为遵义文化产业的窗口、爱好文化创意游客的网红打卡地。

行程导航：1964文化创意园位于汇川区温州路与南宁路交会处，市区有公交车到达，自驾游客在兰海高速遵义收费站出高速，右转沿沈阳路直行，进入温州路到达园区。

OSTALGIA
NCER
ANT
1964

古镇毛石

在喧闹的城里待久了，需要到一个静谧的地方抚慰心灵。古镇毛石就是这样一个地方。

在横亘连绵的群山峡谷中，毛石古街依山而建。古街长约350m，从北到南，随形就势，呈S形，宛如一条腾空欲飞的青龙。街中心以青石板铺筑，两旁是一排排

的老木屋，不少房屋都有着上百年历史。

毛石曾是古盐道的驿站，很早便有了乡场。来此贩盐的生意人在镇上开客栈、饭店、马庄，街面上因人踩马踏而光滑的青石板，记录着曾经的繁华。不过，这个因盐而兴起的集镇，在民国修建川黔通道后，便逐渐没落，繁华不再了，空旷的古街变得冷清起来。

在毛石河约4km的河段上，有大小水车300多架，由此这里被誉为“水车王国”。一排排水车依次排列，好似士兵列队。水车转动时，咿呀有声，悠扬动听，宛如演奏一曲节奏明快的音乐。

行程导航：从遵义绕城高速海龙收费站出高速，走301县道经金鼎山镇至松林镇，在镇口右转沿307县道行驶可到达毛石古镇。

播州区

播州区地处遵义市南部，是2016年3月20日经国务院批准撤销遵义县，6月6日正式挂牌成立的新区。播州区北与红花岗区、汇川区、新蒲新区接壤，南与贵阳市息烽县、开阳县隔乌江相望，东面为湄潭县，西面为仁怀市、毕节市金沙县。

1935年，长征途中的中国工农红军三进三出播州区（原遵义县），在这里建立了红军长征以来的第一个临时革命政权，召开遵义会议后，又在播州区枫香镇苟坝村召开了苟坝会议，巩固了以毛泽东为代表的新的中央军事领导核心。

2015年6月，习近平总书记来到播州，来到花茂，在花茂人家的土墙旁感叹道“怪不得大家都来，在这里找到乡愁了”。

播州区南部，是贵州境内最大的长江支流 —— 乌江。1970年，水利部动工修建乌江渡水电站，由此，高峡出平湖，烟波浩渺，鹤飞鹭舞，山色湖光相映，绘就乌江十里画廊。暮春三月，草长莺飞，西部洪关，映山红漫山遍野地开放着，火红地映照着天边的彩霞。太阳坪上山风呼啸，一台台风车迎风旋转，将不远处大发天渠的传奇故事，和着花香，和着鸟语，随风儿传遍神州。

荀坝会议会址

行程导航：苟坝会议会址位于播州区枫香镇，在蓉遵高速（仁望高速段）枫香镇收费站出高速，右转沿208省道行驶，在枫园村左转，经土坝村、花茂村即可到达。

苟坝会议会址是一座老式黔北农家三合院，传统木结构的瓦房。1935年3月10日至12日，长征途中的中共中央政治局在苟坝村召开了会议，史称苟坝会议。2017年3月，苟坝会议会址被中国共产党中央委员会宣传部（中共中央宣传部）命名为全国爱国主义教育示范基地。2019年10月，苟坝会议旧址被中华人民共和国国务院公布为第八批全国重点文物保护单位。

荀坝是一块南北长约3km、东西宽约1km的坝子，东有石牛山，西有崖头山和银屏山，北面是马鬃岭。岭下树木葱郁，二三十栋青瓦片、雕花窗、白粉墙的黔北民居散布在林荫之中，形成一个静谧的小村落。房屋间土墙篱笆，在斑驳摇曳的树影下显得沧桑迷离。篱笆下，小道旁，花团锦簇，蜂飞蝶舞。苟坝会议会址在村落的东南角，是一卢姓人家的大屋，屋前不远处有大龙井，井中有如碗口大的水流涌出，汇成一道溪流自北向南流动，称白腊坎河。溪水在起伏的石头间腾宕跳跃，唱着欢快的歌，似乎在歌唱这越来越美好的乡村生活！

花茂

花茂原名荒茅田，后更名花茂，寓意花繁叶茂。花茂村白泥丰富，素产陶制品。据悉，花茂土陶制作已有400多年历史。民国时期，花茂为茅台镇生产了大量的酒缸、酒瓶。1915年，“怒掷酒瓶振国威”事件的土陶罐就产自花茂。母氏陶艺馆是花茂最大的土陶作坊。在体验区，你可以感受这指尖的神奇魔力，或拉坯，或捏塑，将一团团白泥变为一件件陶艺品。

现在的花茂，早已不是原来的荒茅田，变成了

真正的花繁叶茂之地。一进村，映入眼帘的是现代化的农业棚区、雅致的农家别墅、继承传统手工艺的陶艺街，俨然是“看得见山、看得见水、记得住乡愁”的最美田园。

2015年6月16日，习近平总书记来到花茂村，看到村里的土墙篱笆、农家院落，由衷地说道：“怪不得大家都来，在这里找到乡愁了。”

洪关太阳坪

行程导航：从蓉遵高速（仁望高速段）枫香收费站出高速右转，沿208省道行驶约26km到达洪关苗族乡，景区在208省道左侧，有旅游公路直达。

太阳坪地处播州区、仁怀市、毕节市金沙县交会处，站在山顶，可俯看三地诸岭风光。周围挺立的峰丛像金字塔般环列，气象森严，似蘑菇丛生，又若春笋破土。

每到春夏之交，成千上万株杜鹃花竞相开放，火红火红的，漫山遍野弥漫开来，铺在上万亩绿油油的高山草甸上，如一幅美丽织锦。

到了秋天，草木枯黄，又是一番不一样的美景。如雪的茅草花，在阳光的照射下显得晶莹璀璨，山风吹过，犹如千军万马般奔腾摇曳，激荡人的心扉。

千年古银杏

在前往洪关太阳坪的208省道旁有一株千年古银杏，树高约28.33m，树围约14.7m，冠幅约807m²，需12个人手拉手才能合围，其树围据说是“世界第三、亚洲第一”。

山脊上绵延数公里的风车阵，像是给山麓装上了银色的翅膀，与蓝天组成了亮丽的风景线，甚是壮观。

太阳坪上有帐篷酒店，夜幕降临时，繁星闪烁，仰望天空，会令人生出无限感慨。

清晨，天际晨曦初露，缥缈的云雾像鹅绒般轻轻地飘在太阳坪山巅，仿佛人间仙境。

大发天渠

大发天渠位于平正仡佬族乡团结村。2017年4月，团结村老支书黄大发荣获中共中央宣传部颁发的“时代楷模”荣誉称号；11月，荣获中央精神文明建设指导委员会颁发的“第六届全国道德模范”荣誉称号；2018年3月，当选中央电视台“2017感动中国十大人物”。这一切，源于老支书带领村民，在30余年里不畏艰辛，在悬崖绝壁、莽莽群山中凿出一条全长9.4km，经过3座大山、9个悬崖的水渠的壮举。

2018年9月1日，以黔北山村原乡风貌为依托，以黄大发及“大发精神”为核心的“世界韧文化践行地”大发天渠旅游景区正式开园营业。景区森林覆盖率达到80%，负氧离子含量最高达5.7万个/m^3，是名副其实的天然氧吧。

天渠民宿 / 韧者归心

动一个念头容易，真正去践行却又是另一回事。愚公移山的故事我们都听过，但很少有人能有愚公不达目标誓不罢休的劲头。为了一颗最朴实的初心，黄大发坚持了36年，用一辈子的光景，在山区的悬崖绝壁上，画出了一道亮丽的风景。来到这里，见到黄大发老支书，一个身形瘦小、其貌不扬的老人，再看到崇山峻岭中的大发天渠，由衷地钦佩人内心坚韧不拔的毅力所能发挥出来的伟大力量。

大发天渠民宿，由坐落在山腰上的民房改建而成，黑、白、灰三色，朴实的色彩一如山里人朴实的内心。在民宿居住下来，感受到的不仅仅是山里的自然风光，更深层次的感受是韧者内心的力量。

行程导航：在蓉遵高速（仁望高速段）平正收费站出高速直行，沿189乡道到平正乡，再沿乡村公路行驶约23km到达大发天渠所在的团结村。

桨声灯影里的乌江寨

行程导航：在遵义绕城高速芶江收费站出高速左转掉头，沿旅游公路行驶约11km到达乌江寨国际旅游度假区西寨口；也可走渝筑高速在尚嵇收费站出高速，沿旅游公路行驶约10km到达乌江寨国际旅游度假区东寨口。

自西寨口进入乌江寨国际旅游度假区，逐级而下，远方的木结构黔北民居在群山中忽隐忽现，右侧下方的河水碧绿如玉。来到河边，有风雨桥横架于碧波之上，众多游人在桥上休憩、拍照，临河而建的吊脚楼高达四五层，鳞次栉比，颇为壮观。

乌江寨国际旅游度假区是集观光、休闲、度假、会展于一体的大型综合业态旅游目的地景区。其核心区域沿河而建，两座相距约400m的风雨桥将两岸连接成一个环线，河边是一排排的吊脚楼，后面是一栋栋的黔北民居，多为木结构，屋顶盖着小青瓦，层层叠叠，依山而建，形成丰富的立体肌理。吊脚楼、美食街、竹竿舞、孔明灯、染房、纸坊、戏台、茶楼……东方生活美学在此一一展现。

夜幕降临，华灯初现，精心设计的泛光夜景与喷泉，以及连绵梯田上的五彩灯光，相互交融，如梦似幻的光影妩媚而温暖。精彩的无人机表演秀变幻莫测，廻龙岛篝火晚会歌舞连天，让这个白天秀美如璞玉的小寨展示出科技与时尚的一面。

喧嚣过后，便又归于沉静。在太乙阁码头，登上乌篷船，水面雾霭渐起，摇橹击打在水面上，将两岸映入河中的灯光拍碎，在黯黯的水波里，又逗起缕缕明漪。在这薄霭和微漪里，听那悠然间歇的桨声，不由想起朱自清的《桨声灯影里的秦淮河》，乌江寨虽无秦淮河的繁华，但这桨声灯影里的恬静安祥，却更能引人入梦，且少了幻灭的情思，多了生活的无限美好！

乌江渡

行程导航：从兰海高速乌江收费站出高速，沿210国道直行到达乌江镇，在乌江镇可远观宏伟的乌江大坝。沿乌江左侧盘山公路行驶可到达乌江渡景区，在景区可乘船游览美丽的山水风光。

乌江镇位于播州区南部，素有“黔北南大门”之称，是黔北交通要地。新老国道、贵遵高速公路、川黔铁路、渝贵高速铁路横贯乌江镇境，在镇内形成五桥飞架南北的景观，修桥位置一座比一座险峻，大桥也一座比一座壮观。大桥见证了中国建桥技术的进步，也见证了贵州的发展。

1982年，由水利部第八工程局承建的乌江渡水电站工程竣工。大坝上高峡出平湖，烟波浩渺，白鹭飞舞，原本沟深壑险、奇峰绝壁的两岸青山，瞬间倒映在波光粼粼的水面之上，呈现出另一番奇妙的景象。

乌江豆腐鱼

从兰海高速乌江收费站出高速，210国道长约400m的道路边，清一色的酒家渔港，它们都经营着一种美味：乌江豆腐鱼。以遵义“朝天辣”等调料入锅调制成汤汁，放入天然无污染的乌江深水出产的乌江鱼鱼块，再加上由传统的胆巴点卤技艺制成的豆腐，烹制后一锅红彤彤的乌江豆腐鱼就上桌了。乌江豆腐鱼鱼肉鲜美清香，有久煮不老、食之无渣、入口即化的特点！而豆腐白如霜、滑如玉、嫩如脂，滑嫩爽口。美味的乌江豆腐鱼吸引了兰海高速上南来北往的客人，成了即使行色匆匆也要“刹一脚”下高速来一顿的美味大餐。

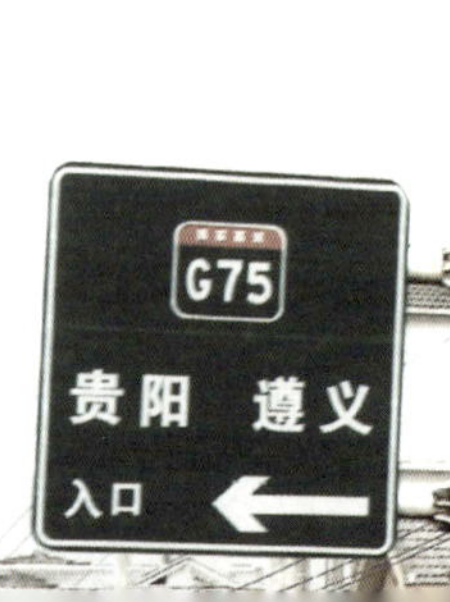

鸭溪美食

被称为“黔北四大名镇”之一的鸭溪镇，饮食文化自然有些深厚。一出杭瑞高速鸭溪收费站便是鸭溪美食文化街。鸭溪凉粉、黄家牛肉、豆豉火锅、酸汤鱼等餐馆林立。豆豉香老远就能闻到，刺激着你的嗅觉，也吸引着你的味觉。

在吃火锅前先来一份鸭溪凉粉垫垫胃。鸭溪凉粉是黔北凉粉的代表，采用优质豌豆制作，切成薄薄的长条状，色泽嫩黄，淋上油辣椒，撒点葱花，闻一闻，来上一口，简直是色香味俱佳。

盬子鸡与簸箕宴

盬子是花茂生产的一种土陶制品，用来炖鸡。用盬子炖的鸡，有“冷凝蒸馏，化气为汤，肉质鲜嫩，汤醇味美，入味七分，回味三分”的特点。2011年竹园盬子鸡传统制作技艺成为市级非物质文化遗产。

苟坝村红军食堂推出了一道簸箕宴，一说其源于黔北民间吃新节，就是将红薯、山药、花生、土豆、窝头等粗粮，和辣椒脆、咸蛋、蒸腊肉、烤鸡等共10余种食品摆放在簸箕里，配上10余碗农家小菜等形成的，粗细结合，荤素相宜。

桐梓县

桐梓县地处遵义市北部，与重庆市接壤，有“黔北门户”之称。桐梓北面为重庆市綦江区、永川区，南接汇川区、仁怀市，东为绥阳县、道真仡佬族苗族自治县，西连习水县和重庆市綦江区。

桐梓历史文化悠久，为古人类发祥地之一，是夜郎故地、革命老区。在县城西面九坝镇的岩灰洞里，发掘出土了2枚距今约20万年的古人类牙齿化石，学术界将这里发现的古人类命名为“桐梓人”。

桐梓处于四川盆地向云贵高原过渡爬升的区域，在武夷山脉的群山环抱之中，生态环境优越。该区自然植被好，森林覆盖率60%左右，年平均气温15℃，夏季平均气温25℃，负氧离子浓度高，地磁辐射弱，被誉为“绿色空调”“天然氧吧”，是休闲避暑、旅游养生的理想之地。这里有享誉黔渝的杉坪花海，神秘幽深的柏箐自然保护区、黄莲原始森林，绚丽多彩的月亮河、黄河沟风光，惊险刺激的古夜郎漂流、羊磴河漂流、水银河漂流，旅游资源星罗棋布。

杉坪花海（黔北花海）

花开的时候你就来看我

风那么一吹 / 雨那么一落 / 漫山遍野就开满七色的烟火
喝几碗烈酒 / 唱几首情歌 / 温暖着你我 / 心中的蹉跎
天那么的蓝 / 地那么的宽 / 策马扬鞭 / 别错过远方的传说

位于桐梓县城南约5km处的娄山关镇杉坪村，距离著名的娄山关景区仅约18km。景区内绿树摇曳，流水潺潺，花海、风车、木屋、蒙古包、滑草场等景观景点点缀在此起彼伏的山坡上。漫山遍野的映山红、四季樱花、薰衣草、马鞭草、波斯菊、向日葵、百合等，不同季节应时盛开，令人目不暇接。

站在四方台俯瞰，成林的苍松，成片的花海，绿涛一浪过一浪，层层叠叠。数百栋欧式风格的红瓦白墙洋房，散落于绿涛之间，连同一条条柏油公路，传统与现代的情调把这方山水映衬得如此和谐融合、情调横生。

行程导航：从兰海高速桐梓收费站出高速右转再右转进入210国道，朝遵义方向行驶约3km到达杉坪村。

水银河

行程导航：从印习高速水银河收费站出高速到达木瓜镇北端，左转进入314县道，行驶约8km即可到达水银河景区。

她冰清玉洁、美似璞玉，让人忍不住想要亲近，她便是桐梓县木瓜镇内的水银河，她像一位端庄的少女，依偎在大山的峡谷。

水银河漂流，是欣赏这美丽少女最舒心的旅程。沿途虬枝险潭、垂帘瀑洞、苔藓群落、树木环绕，原生态的景观令所至之人感叹不已。峡谷长而悠远，山雄秀而险峻，水清澈而柔顺，植被茂密而娟秀。两岸有溪水沿着山壁汇流而下，形成一道道飞瀑。河水清透碧绿，河底的游鱼、细石尽收眼底，皮艇划在水面上，像在空中飘浮一般，梦幻而美丽。

小西湖与天门洞

行程导航：从兰海高速桐梓收费站出高速右转，走352国道即可到达小西湖，景区在352国道左侧。

1938年，国民政府兵工署四十一兵工厂迁移到桐梓县城东，为解决电力问题，筑堤蓄水，形成100多亩的人工湖。湖内仿效杭州西湖设景，湖中设置3个石塔，名“三潭映月”，湖岸广栽杨柳，浓荫深处呖呖莺啼，名“柳浪闻莺”，湖名小西湖。“西安事变”后，1944—1947年，近代著名爱国将领张学良被囚禁于此。

小西湖旁的山体被河水“凿”出两个巨洞，依其形而名“天门洞”，分上天门洞和下天门洞，两洞相距约800m。上天门洞顶上又有一洞，呈狭长形，可容近千人。在天门洞上方的悬崖峭壁上，修建有悬空栈道，长约1400m，宽约1.6m，其中有长约100m的玻璃栈道。

天门河水电厂旧址

在距小西湖约1km处一栋单体建筑的地下室内，两套发电机组日夜不停运转发电，为当时的四十一兵工厂提供电力，这就是贵州省第一个水电厂——天门河水电厂。

天门河水电厂为便于隐蔽，利用天然溶洞做地下主机房，其引水道、尾水道均设为地下暗道，主机房上部地面为输配电房。清华大学、浙江大学、西北大学等大学参与设计，并在建成的主机房内留下了校名和校徽。1941年春天门河水电厂及其配套工程动工，1945年5月调试完成，放水供电。嵌在主机房石壁上的石碑详细记录了当年运输、安装的艰难和不易。

云上九坝

行程导航：从兰海高速桐梓北收费站出高速，然后在十字路口直行，沿乡村公路行驶，进入352国道，经九坝镇镇政府到达山堡村，山堡村是九坝避暑民宿最为集中的村庄。

因山中有九块坝子而得名的九坝镇人文历史久远，1972年，在岩灰洞发掘出土了2枚距今约20万年的古人类牙齿化石，学术界将这里发现的古人类命名为“桐梓人”。

九坝平均海拔超过1200m，各种原生植被茂密，气候凉爽，作为重庆周边避暑度假目的地中的翘楚，其素有“云上九坝·康养圣地”之美誉。

九坝红豆杉康养园内有两株千年红豆杉，据传为播州宣慰司杨端所种，一棵地径1.2m，一棵地径1m。除了自发经营的传统农家避暑房外，九坝还修建有档次较高的避暑酒店，体量大，配套设施齐全。具有浓郁艺术特色的九坝民宿群，几十栋新建的房舍整齐排列，院落干净整洁，健身房、休闲吧、餐厅、超市等一应俱全。农家小院、酒店、民宿等不同档次的避暑房，满足了不同避暑客人的需求。

娄山黄焖鸡

据史料记载：明朝播州之战，北路总兵刘綎率兵挺进桐梓，出奇兵偷袭，一举攻破娄山关。为庆奇功，刘綎命厨杀鸡焖烧烹烩，大宴三日，因而有“娄山关险惊天下，黄焖鸡香悦众人”的说法。娄山黄焖鸡由此闻名，成为大娄山山区的一道知名美食。

娄山黄焖鸡选用当地散养或林下圈养的土鸡，以黔北本地种植的朝天辣椒、土法压榨的菜籽油烹饪而成，肉香、辣香、油香相互融合、相得益彰，食之唇齿留香。

吃完鸡肉后，还可以在剩余的鸡汁里放入新鲜的时令蔬菜继续煮食，吸收了鸡汤精华的蔬菜，味道也是一绝。

方竹笋炖腊猪脚

桐梓是中国方竹笋之乡，盛产方竹笋，尤以木瓜、狮溪、羊磴三镇为甚。桐梓方竹笋外形略呈方形，触摸有棱角感，笋肉丰腴，腹空极小，肉质脆嫩，质佳味美，堪称山珍。方竹笋与经特殊香料腌制并以松柏树枝熏制的黔北土猪腊猪脚一起小火焖炖，其味清香，鲜嫩爽口。

桐梓锅贴

锅贴绝对是桐梓人消夜的扛把子小吃，遵义城内的大街小巷，少不了桐梓锅贴小店的影子。桐梓锅贴类似外地的煎饺，但二者之间有什么区别，很多人傻傻分不清楚，毕竟从外形上看二者极相似，但从味道上，本地人认为还是金黄酥脆、肥而不腻的锅贴更胜一筹。

吃锅贴，配上一碗绿豆稀饭，再叫上几份卤味凉菜，凉拌豇豆角、香菜卤牛肉、水晶猪皮、香豆腐干、卤花生米……麻辣鲜香刺激着味蕾，再整瓶啤酒，哇，顿时感觉生活质量噌噌往上蹿！

至四川泸州
赤水市
大同古镇
四洞沟
丙安古镇
燕子岩国家森林公园
赤水大瀑布
赤水竹海国家森林公园
中国侏罗纪公园
佛光岩·五柱峰景区
四渡赤水纪念馆
青杠坡战斗遗址
土城镇
习水县
赤水河
至重庆江
飞鸽林场(云海)
丹霞谷
大坡镇
印习高速
蓉遵高速
美酒河镇
美酒河石刻
合马镇
赤水河
茅台镇
茅台天酿景区
中国酒文化城
仁怀市
盐津大峡谷
至遵义市区
主要特点
红色长征文化
酿酒文化
丹霞瀑布
峡谷风光

西线

仁怀市

习水县

赤水市

仁怀市

仁怀市位于遵义市西部，赤水河中游，北与习水县、桐梓县接壤，南与播州区、毕节市金沙县相邻，东为播州区、汇川区及桐梓县，西为毕节市金沙县、四川省泸州市古蔺县。

仁怀市是红军长征“四渡赤水”战斗过的地方，1935年3月，中央红军主力与国民党军在鲁班场发生激战，然后由茅台渡口三渡赤水河。

仁怀市是茅台酒的故乡，1915年巴拿马万国博览会，中国酒师摔破酒瓶飘出的酒香，使贵州茅台酒名扬天下。由于拥有深厚的酿酒历史和传统，仁怀市形成了以茅台酒为核心的酱香白酒产业基地。清代诗人郑珍有诗咏茅台：“酒冠黔人国，盐登赤虺河。”在茅台镇中国酒文化城内，游客可详细了解中国酒文化的博大精深。

与茅台酒厂一河之隔的西山公园山顶，是集剧场演艺、灯光索道和观景平台于一身的茅台天酿景区。城南盐津河大峡谷，集山、谷、泉、林、洞于一体，有国酒门、巨型茅台酒瓶等人文景观。美酒河镇吴公岩摩崖石刻“美酒河”三个大字气势恢宏，被上海大世界基尼斯总部评为“最大的摩崖石刻汉字”。

茅台镇

行程导航：从蓉遵高速（仁望高速段）茅台收费站出高速右转进入醉美大道，在丁字路口掉头行驶后右转，进入中枢隧道，然后沿中茅大道前行，即可到达茅台镇。

坐落在赤水河岸的茅台镇，湿润的空气中飘荡着的酒香味让人沉醉。依山势而修建的酒坊、酒企厂房鳞次栉比，错落有致，将每一寸土地利用到极致。随处可见的酒坛、酒牌，既展现出茅台镇酒产业的繁华，也时时刻刻提醒着游人这里是中国酒都的核心和腹地。

穿过醇香四溢的街道，在赤水河滨1915广场上的一大尊破裂的镀金大酒罐雕塑，

喻示着茅台酒当年“碎瓶夺金”的传奇。夜晚河边信步，河中音乐喷泉在五光十色的灯光、动感的音乐加持下给整座古老的酒镇注入了时尚活力。

悠悠青山下，蜿蜒而过的赤水河，造就了爱酒的茅台人。他们爱酒，酿酒，饮酒，在烟雨如画的古镇中，过着闲适而平淡的生活。

即便如今的茅台古镇打造得越发华丽，它依然守着小镇的传统。酒旗在风中摇摆，盛开的三角梅，刻着时间印迹的青石板，古朴的院门，以及酒馆酒肆，小店茶坊，让人想到的是“千里莺啼绿映红，水村山郭酒旗风”的意境。

而古镇特有的气度，就巧妙地交给一杯五谷酿造的烈酒来“描写”。“花间醉意一杯酒，庭看天凉好个秋，烟雨看尽几清明，人生一梦直到今。”茅台古镇千百年来一直沉醉着，唯有悬挂在屋檐上的红灯笼还醒着，似乎一转身就能穿越时空，回到曾经那个“蜀盐走贵州，秦商聚茅台”的盐运码头。真是繁华旧梦中，半梦半醒。

酒出茅台镇 香起杨柳湾

杨柳湾是茅台镇酒文化的起源，作为仁怀全域旅游发展重点打造的区域，杨柳湾被打造成了集酱香酒品鉴、特色购物、餐饮美食于一体的酒文化风情街。走在青石板铺成的杨柳湾街道上，青瓦顶仿古建筑、木质雕花门窗、窗沿边上悄然开放的小花儿、屋檐下展示民俗风情的浮雕，街道两旁不时出现的挑夫挑盐、老牛拉酒的铜像，以及红绸布封口的酒坛，无时不吸引着游客的目光。老街换新颜，杨柳湾变得时尚，但酿酒人依旧。赤水河的水清了又浊，浊了又清，杨柳湾的酒香在古镇的空中弥漫着，醉了风景，醉了游人。

【中国酒文化城】

位于茅台镇的中国酒文化城是集雕塑、书画、藏匾、文物、实物酒品等于一体的酒类博览馆，馆藏数量5000多件（套），有8个展馆，系统介绍了中国的酒文化。

中国酒源馆展示了中国酿酒起源的传说、出土古酒、酿酒流程、中国酒礼、酒政等内容；中国酒技馆展示了中国酿酒技艺的发展沿革；中国酒韵馆内酒诗词、匾联琳琅满目；中国酒俗馆介绍了酒令的起源、形式及多姿多彩的民族酒俗；中国酒器馆展示了各时期酒器的制作技艺和发展历程；国酒茅台馆展现了茅台酒悠久的历史文化；规划展示馆主要介绍酒镇茅台、三茅合一、巴拿马夺金、金奖之争、红军过茅台等历史故事；茅台·名酒世界馆有9个展区，详细介绍了中国各地名酒及世界名酒文化。

【茅台天酿景区】

行程导航：在山脚坐灯光索道上茅台天酿景区，灯光索道全长约1km，在轿厢内可一览茅台古镇和茅台酒厂全貌。

茅台天酿景区在与茅台酒厂一河之隔的西山公园山顶。景区有演艺剧场、灯光索道和观景平台。演艺剧场主体项目之一的《天酿》剧场主要由天赐、天遇、天启、天路和天宴五个分剧场构成。剧场建筑外立面创作思路源于酒碗、酒坛和山地梯田，高高耸立在西山公园山顶，像是举杯欢迎远道而来的朋友。

大型实景演出剧目《天酿》从千年古镇茅台镇中提取文化精粹，通过第一代酱酒勾酒师——酉酉的一生，讲述追求极致酿酒工艺的故事。该剧时长约75分钟，采用声、光、电、全息投影等现代高科技，演绎以酒为媒的人生百味、家国情怀。以酱香酒文化发源地的山水空间为基地，将酱香酒独特的酿酒工艺与人们深度品鉴酒文化内涵的体验相融合，让观众领略千年茅台酒镇的历史文化魅力。

红军四渡赤水纪念园

茅台渡口是中国工农红军第一方面军（中央红军）三渡赤水河的主要渡口。红军四渡赤水纪念园在赤水河西岸，河边建有茅台渡口纪念碑和红军长征过茅台陈列馆。

沿石阶而上，在朱砂堡顶建有红军四渡赤水纪念塔，塔总体高25m，寓意着红军长征二万五千里。塔身由四根巨大的浪形柱依次错位重叠构成，浪形柱上部悬嵌着不锈钢球，恰似腾空的浪花，塔座为木船造型。整个塔体用红色花岗岩板材贴面，通体赭红。塔座上镶嵌着的“红军四渡赤水纪念塔”九个大字由江泽民同志题写。纪念塔北侧建有一道长约13.5m的船形浮雕墙，四幅浮雕生动地再现了当年红军四渡赤水英勇战斗的场景。纪念塔西侧建有碑墙，黑色大理石上镌刻着红军四渡赤水简介和建红军四渡赤水纪念塔记。

美酒河石刻

行程导航：从茅台镇出发，沿212国道（赤水河谷旅游公路）行驶，途经合马镇、美酒河镇，抵达吴公岩，“美酒河”三个大字就刻在吴公岩上。

美酒河石刻在仁怀市美酒河镇的吴公岩处。吴公岩滩山势雄奇险峻，怪石狰狞，激流奔腾，涛声如雷。这里曾是“川盐入黔”的最险处，渡口在岩石上凿成，石梯经过风吹雨打和盐水浸泡，变得洁白如玉，被称为“雪梯”。

修于赤水河北岸的石刻龙形护栏，通体用砂石雕刻而成，是当今世界上最长的石刻龙建筑群落，被上海大世界基尼斯总部授予“最长的石刻龙建筑群”称号。

赤水河南岸绝壁上，刻有“美酒河”三个大字，其字体潇洒稳健、雄放有力。摩崖石刻总面积约4800m²，无论是整个摩崖石刻汉字还是单个石刻汉字，均为世界之最。1999年被上海大世界基尼斯总部评为“最大的摩崖石刻汉字”。

盐津大峡谷

仁怀城南的山岩被河流切割成一条环状的大峡谷，这便是盐津大峡谷。峡谷景区由怀阳洞溶洞群及斑鸠岩峡谷两部分构成。怀阳洞溶洞群由怀阳洞、落水洞、虎鸣洞、罗汉洞等数十个大大小小的溶洞组成。斑鸠岩峡谷内幽深险峻的自然景观遍地皆是，沿着小路下到峡谷里面，处处悬崖绝壁，峭壁上长满了竹子和不知名的灌木，层层叠叠，青翠欲滴，清澈湛蓝的盐津河，如宝玉一般镶嵌在谷底，静谧而美丽。

行程导航：从蓉遵高速（仁望高速段）仁怀收费站出高速左转，沿212国道往坛厂方向行驶约2.5km即可到达。

天下第一瓶

伫立于盐津大峡谷山峦上的巨型茅台酒瓶，按照飞天茅台酒经典造型建造，其商标图案、文字、色彩，都是同比例放大的。瓶高31.25m，直径10.2m，体积1469.33m^3，可容纳500mL/瓶的茅台酒2938660瓶，是盐津河畔的标志性建筑。1997年，巨瓶被评为“大世界基尼斯之最”，天下第一瓶也算是实至名归。

食味

仁怀

RENHUAI

茅台盐帮菜

四川食盐经赤水河道运抵茅台口岸，再由茅台陆运至黔中等地，“仁岸”成为川盐入黔的四大口岸之一。茅台镇由于水路畅通，八方盐商云集，运盐马帮和舟楫络绎不绝，市场繁荣，成为“蜀盐走贵州，秦商聚茅台”“家惟储酒卖，船只载盐多”的繁华集镇。由此产生的茅台盐帮菜与川南自贡的盐帮菜一脉相传，又自有特色，兼具川菜与黔菜风味。茅台盐帮菜善用椒姜，料广量重，选材地道，煎、煸、烧、炒自成一格，煮、炖、炸、熘各有章法，形成了区别于其他菜系的鲜明风味。

紫云牛肉

从茅台镇往赤水方向行约5km，有一条小街，十几家大大小小的紫云牛肉店挤在这一条狭窄的街上，吸引了一批又一批的外地人不惜驱车百里来此品尝。这里原为仁怀县紫云乡，紫云牛肉因此得名。紫云牛肉选用带皮黄牛肉等，先泡后煮再炒，且是用清水煮。清水煮有窍门，猛火炒是关键，10多味中药材及其他香料炒制而成的干锅牛肉，以其味道鲜美、油而不腻、色泽鲜亮、口味独特而受到众多饕餮食客的称赞叫绝。

合马羊肉

赤水河旁的合马镇有“羊肉小镇”之称。合马镇上通茅台，下接二郎滩，自古以来是舟楫停歇的主要栈口，食、售羊肉者甚多，合马羊肉亦因此而远近闻名。

合马镇山多坡陡，草木丰盛，养殖的黔北麻羊是遵义市特产，农产品地理标志产品。其羊肉具有羊膻味轻、肉质鲜嫩、板皮质地致密、伤残少、油性足、富有弹性等特点。羊肉粉、干锅羊肉、羊肉汤锅、烤全羊，经过合马镇，一定不要错过品尝！

习水县

习水县位于遵义市西部，北与赤水市、四川省泸州市合江县、重庆市江津区及綦江区接壤，南与仁怀市、桐梓县、四川省古蔺县相邻，东为桐梓县、重庆市綦江区，西为四川省古蔺县。

位于习水县西部的土城镇，是一座千年古镇，其建制历史可以上溯到汉武帝元鼎六年（公元前111年），距今2100余年。因地处赤水河古盐道上，系古时“川盐入黔”的重要码头和集散地，历史上四方商贾云集，形成了古镇浓郁的商埠文化底蕴。1935年1月，中国工农红军长征到达习水县土城镇，在青杠坡战役后，由土城渡口向西一渡赤水河，拉开了“四渡赤水”的序幕。土城镇建有四渡赤水纪念馆。

习水县北部的丹霞谷是地球上高原峡谷青年期丹霞地貌的典型代表，有着保存最完好的中亚热带常绿阔叶林带。距丹霞谷不远的飞鸽林场，山水田园风光和谐优美，森林浴场风清鸟鸣，日出、云海、雾岚……气象万千，令人称奇。更有一天然“水上公路”，河道与公路融为一体，在茫茫林海之中穿梭蜿蜒。

特
產

土城古镇

仿佛寻了千年，只想在这里等你。

硝烟散去，我又回到旧时的光阴里。

木屋林立的窄巷，寂静无言；随风轻摇的布幌，低吟浅唱；古旧的门匾、招牌，布帮、米帮、铁帮、盐帮、栈房帮……十八帮的传说，仿佛还是最初的味道。

我在时光的流转里，找寻着上千年的故事。

从人类起源，到鳛国的神秘，小镇的每一块砖，每一片瓦，都在述说着斑驳的记忆。

那时河里热闹极了。河边的街灯被点亮，光影在赤水河中荡漾，满载盐巴的货船回来了，停泊在近市的那一边。驮满货物的马车悠然走来，客栈八仙桌前的笑声在风中飘扬，叮叮当当的打铁声从光线微弱的木屋传来，空气中弥漫着浓烈的气息……

这诗意描述的地方，就是赤水河畔。因航运而兴、因四渡赤水战役而驰名的习水县土城镇，素有“川黔锁钥”之称。

历史上，土城是兵家必争之地，自秦汉起，土城就因水陆交通便利而成为重要的货运码头和商品集散地。元朝末年，当地居民在改建房屋时，发现了大量用泥土建房筑城的墙基，从此便有了“土城”之名。

古镇建筑依山就势，自然地形成了重楼叠宇的群体风貌，其造型轮廓高低错落，纵向空间丰富，天际轮廓优美，是一幅“高低俯仰皆成画，前后顾盼景自移”的美妙画卷。

走进古镇，街巷多为石板铺砌，依河道蜿蜒曲折，随地形高低起伏。街巷稍宽阔的地段，是古镇人茶余饭后休息的场所，你看他们三三两两地聚坐在一起，一边做着些碎活，一边闲聊着。小孩子们追逐嬉戏着，清脆的笑声在街巷里流淌。有村民背着背篼，提着篮子，里面盛着刚从地里采摘不久的蔬菜，向镇上的居民推销。古镇的日常，满满的都是生活味、烟火味……

行程导航：从蓉遵高速土城收费站下高速，就进入土城游客接待中心，中心在赤水河南岸，古镇在赤水河北岸。节假日古镇停车位紧张，可以将车停在土城游客接待中心，然后散步经吊桥到古镇。

【四渡赤水纪念馆】

行程导航：四渡赤水纪念馆位于古镇的380县道边，没有停车场，可将车停在斜对面的鳛部大酒店地下停车场。

四渡赤水战役，是中央红军长征途中进行的具有决定性的军事行动，它挫败了国民党围歼红军于川、滇、黔边的计划，扭转了极其危险的形势，是红军战争史上的奇观，是红军在战略转移中从被动转为主动并走向胜利的转折点。

土城渡口是四渡赤水一渡渡口，四渡赤水纪念馆位于土城镇380县道旁，陈列翔实地再现了1935年1月遵义会议后，红军在毛泽东、周恩来等领导下4次飞渡赤水河、巧渡金沙江，成功摆脱敌人重兵围追堵截，取得战略转移伟大胜利的光辉历史。

【青杠坡战斗遗址】

行程导航：从蓉遵高速土城收费站出高速直行，在土城大桥左转，沿302省道行驶至水狮坝村，右转进入乡村道路，行驶约2.8km即可到达青杠坡战斗遗址。

青杠坡位于土城东北约3km处，是旧时习水县城到土城的必经之路。

1935年1月28日，中央红军在青杠坡与敌人激战了整整一天。29日凌晨在土城搭浮桥西渡赤水河至云南扎西，这就是“四渡赤水”中的第一渡，青杠坡战斗拉开了四渡赤水战役的序幕。

青杠坡战斗是我党军事史上最能展现领导人英雄气概的一场战斗。

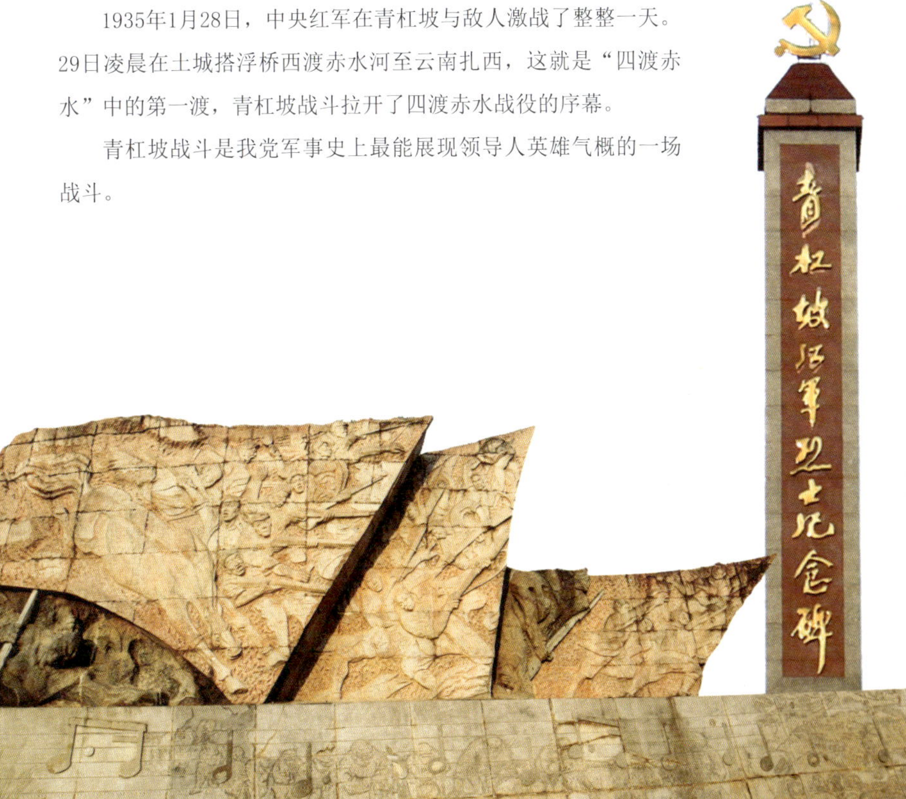

丹霞谷

在习水县城北约45km处的贵州习水国家级自然保护区内，人迹罕至、荒僻沉寂的深山峡谷里，却有着壮观秀美的风景——丹霞谷。谷内千峰竞秀，红岩丹崖，山峦叠翠，林莽苍苍；九沟十八岔，涧谷纵横，小溪潺潺，碧水蜿蜒。

特殊的地理环境、丰富的植被，孕育了丹霞谷冬无严寒、夏无酷暑、清幽凉爽、气候宜人的高原气候，形成了天然的大氧吧和大空调，这里年均气温16℃，每立方厘米的负氧离子达11万个，在2019中国森林旅游节上荣膺“中国森林氧吧”美誉。

丹霞谷不但有美景，还有人文。清代实业家袁锦道晚年在峭壁悬崖上“不惜锱铢，请匠鸠工，穿崖凿壁”建成的望仙台石窟，被誉为“贵州第一石窟”。

行程导航：从江习古高速古蔺国南收费站出高速直行，沿乡村公路行驶13km即可到达丹霞谷景区入口。

飞鸽林场（云海）

行程导航：从江习古高速古蔺国（寨坝）收费站出高速，右转进入212国道，在大坡镇右转，沿山路行驶约8km即进入飞鸽林场。

浩瀚，多彩，变幻莫测……这就是飞鸽林场（云海）。位于习水县大坡镇北部的飞鸽林场，是一处以人工杉树林为主的林场，森林覆盖率达90%以上，海拔900～1600m，场内溪流、瀑布、古树较多，尤以云海日出和水上公路闻名。

日出时分，登上飞鸽寨门观海亭，群峰毕现，缥缈的云雾让人如同置身仙境。云雾将山头包围，又随风像流水一般变幻着。朝阳在不远处跃过云海，照耀着整个大地，阳光下的云海与森林开始在光影下变幻不定，如同置身幻境。

林场场部至九龙岗，峡谷里浅浅的小河上，红色的丹霞石河床与公路合二为

一，形成了两段数公里长的天然水上公路。当你驾驶着越野车从水上公路飞驰而过时，飞溅的水花、沿途的美景都能给你带来独特的自驾体验。

土城苕汤圆

苕汤圆是土城特色小吃，具有典型的黔北地方风味特色，皮薄嫩滑，味道鲜美。苕汤圆煮熟后，加红油、小葱和折耳根调味，碗底是一层香辣的红油，黄亮、光滑的汤圆上散摆着绿色的小葱碎和白色的折耳根粒，看起来赏心悦目，吃起来外皮软糯微甜、馅心油润咸香。

土城苕汤圆不仅可以在店里食用，还能带走，商家把打包好的苕汤圆装入特制的塑料盒内，客人可带回家自己煮食。

马临羊肉

遵义人做羊肉是认真的。羊肉粉是久居在外的遵义人回家后的首选美食，既可满足口腹之欲，又能化解浓浓乡愁。但要想吃得过瘾，享受大快朵颐的快感，非得是整一锅红彤彤、香喷喷的习水红汤羊肉火锅才行。

位于蓉遵高速公路旁的马临镇，烹制红汤羊肉火锅时，以山坡放养的黔北麻羊肉为原料，先将羊肉入锅，加水、中草药煮熟煮透，再捞起切片。然后用当地辣椒等调味料烹饪调制红油汤锅，再放入羊肉片，撒葱段、香菜上桌。客人根据个人口味，可搭配煳辣椒蘸水、油辣椒蘸水、鲜红辣椒蘸水等。

习水豆腐皮

在习水，有关豆腐皮的美食已经“占领”了大街小巷，善厨艺的师傅根据本地人的口味，研究出多种豆腐皮的吃法，其中，最为人称道的便是麻辣鲜香的豆腐皮火锅。先加入适量植物油，再加入鲜、香、麻、辣的火锅配料，放入习水豆腐皮，搭配贵州特产折耳根、小葱等佐料，热气腾腾的豆腐皮火锅香味扑鼻，令人食欲大增。而今，这道菜渐渐地走出了习水，传遍了贵州周边的省、市，成为省级名优小吃。

赤水市

赤水市位于遵义市西北部，北与四川省泸州市合江县接壤，南与习水县、四川省泸州市古蔺县相邻，东为四川省泸州市合江县及习水县，西为四川省泸州市叙永县、合江县。

赤水市地处贵州高原向四川盆地过渡地带，地势东南高、西北低。赤水河、习水河从东南向西北贯穿境内，大同河、风溪河等大小溪河纵横交错，地貌被侵蚀切割成峡谷山地、坪状低山和丘陵，大自然的鬼斧神工造就了山川秀丽、风景优美的赤水风光。境内的赤水丹霞旅游区是国家AAAAA级旅游景区，由赤水大瀑布、佛光岩、燕子岩三大景区组成，以丹霞地貌、瀑布群、竹海、桫椤、原始森林为主要特色，形成了山、谷、瀑、湖、河、村、珍惜动植物等多样的景观类型，是世界自然遗产赤水丹霞核心景区。赤水市先后获得了“中国优秀旅游城市”“中国长寿之乡”“国际最佳休闲旅游城市”“中国最美丽的地方”等世界级、国家级称号，被中外专家称誉为“千瀑之市”“丹霞之冠”“竹子之乡”“桫椤王国”，是观光旅游、富氧运动、休闲度假、养老养生的理想胜地和革命传统教育基地。

赤水大瀑布

行程导航：泸州方向的游客，由蓉遵高速公路赤水出口出高速进入赤水市，走546国道（赤水河谷旅游公路），在风溪河口右转，沿308乡道行驶可到达景区。遵义方向的游客，在蓉遵高速旺隆收费站出高速，进入546国道，往赤水方向行驶，在风溪河口左转，沿308乡道行驶可到达景区。

赤水大瀑布，位于赤水河支流风溪河的上游，又名“十丈洞瀑布”，瀑布高约76.2m、宽约81m，是我国丹霞地貌中最大的瀑布。

进入景区，沿山谷里的栈道前行约1.8km，即是有着“中国帘状瀑布的典型代表”之称的中洞瀑布，该瀑布高约18.5m，宽约76m，水如银帘坠入潭底，酷似悬挂“门楣”上的银色珠帘，又像倒置梳针的银梳，当地人形象地称为“美人梳”瀑布。

从“美人梳”瀑布右侧的山崖栈道继续前行约1km，一座丹砂石砌成的石拱桥，在翠绿的山谷中十分显眼，该桥名为龙桥。龙桥不远处是凤桥。到凤桥处，轰鸣声自前方山谷传来，便知离大瀑布不远了。穿过两片巨石形成的岩洞，水雾扑面而来，轰隆声如雷鸣，震撼山谷。看到大瀑布的一角，已觉壮观，向着大瀑布奔跑过去，大瀑

布的全景展现在眼前，不由得感慨：壮哉，大瀑布！美哉，大瀑布！刀削斧劈的断崖上，风溪河水飞流直下，势若银河倾泻，气势磅礴，澎湃激昂，又如白练垂挂在红色山谷之中，美丽得竟让人有些窒息。

瀑水不断倾注于其下的深潭，升腾起层层水雾，随山谷的风向外飘散，散落在树叶、草丛上，阳光照射水雾，折射出七色彩虹，如梦似幻。无数巨大的红色岩石分散在溪谷，风溪河水在石间宕落，发出阵阵低鸣，与大瀑布轰隆的高音一起，交织成了一场层次丰富的大自然立体交响乐。

赤水丹霞旅游区 • 大瀑布

（国家AAAAA级景区）

景区距赤水城区约34km，大约40分钟车程。以赤水大瀑布、美人梳瀑布为特色景观，拥有奇兵古道、香溪湖、会水寺摩岩造像、红军标语等自然人文景观。

赤水大瀑布高约76.2m、宽约81m，是中国丹霞地貌中最大的瀑布，也是长江水系最大的瀑布，是“赤水丹霞”申报世界自然遗产的核心组成部分之一，画坛泰斗刘海粟老先生题誉为“空谷佳人”，中科院专家评价为“神州丹霞瀑布奇观”。

佛光岩-五柱峰

佛光岩景区是赤水丹霞旅游区的核心景区之一，拥有丹峰、绝壁、溪流、飞瀑、茂林、古木、珍禽、奇花等美景。各类景观动静相宜，造型雄伟秀丽相衬，环境氛围幽深神秘，展示出赤水丹霞非凡的大自然之美，是赤水丹霞世界自然遗产地天然展厅。佛光岩景区距土城不远，沿赤水河谷旅游公路往赤水方向行驶约20km就到了。

佛光岩是一道弧长1000余米、高300余米的马蹄形红色绝壁，早在侏罗纪、白垩纪时期就已形成，它就像是恐龙灭绝前夕用生命和鲜血书写的一部巨大的红色天书，摊开在云天下。崖壁中间，一道飞瀑自天际垂落，倾泻在崖底

行程导航：从蓉遵高速元厚收费站出高速过桥左转，沿赤水河谷旅游公路行驶约5.6km到达佛光岩–五柱峰景区。

的岩石上，溅起的水雾，滋润着岩壁上墨绿的植物，植物的绿，与瀑布的白、绝壁的红一起构成奇妙的景观。

佛光岩旁有悬崖栈道通往五柱峰。远远望去，五柱擎天，形如佛祖的五根手指，互相呼应，又若玉树临风的君子，傲然屹立于天地间。其壁立千仞，色泽红润，险峻雄奇，俨然一幅天然屏风。赤红的石柱绚烂夺目如云霞，峰下青翠的森林浓绿得化不开，这两大自然色的组合，相映成趣，呈现出勃勃生机，美不胜收。

赤水丹霞旅游区・佛光岩

（国家AAAAA级景区）

佛光岩是赤水丹霞旅游区的重要组成部分，素有“丹霞第一园”“赤景一绝”等美誉，以“丹霞绝壁、天下奇观”的佛光岩（大白岩）和“天造地设、鬼斧神工”的五柱峰为主体景观，小金驿沟、世外桃园、太阳谷、犁辕沟、豹子沟五大景观段汇集了丹霞地貌、奇峰异石、绝壁岩穴、五柱峰、白龙瀑、丹霞城堡、茶花林等30多个靓丽景点，展现出了丹山、碧水、翠林、飞瀑等生态风景奇观。

赤水丹霞旅游区·燕子岩（国家AAAAA级景区）

燕子岩以亚热带沟谷雨林植被为主体景观，由燕子岩瀑布、长寿泉、生命之源、生命之根、莲台瀑布等景点构成，是赤水丹霞旅游区的重要组成部分。2001年，燕子岩景区以其原始的森林植被、造化神奇的丹霞地貌和罕见的侏罗纪植物遗存被评为国家森林公园，是神州华夏当之无愧的生态休闲旅游和科普考察国家级风景名胜区。

燕子岩国家森林公园

行程导航：泸州方向的游客，由蓉遵高速公路赤水出口出高速进入赤水市，走546国道，在风溪河口右转，沿308乡道行驶可到达景区。遵义方向的游客，在蓉遵高速旺隆收费站出高速，进入546国道，往赤水方向行驶，在风溪河口左转，沿308乡道行驶可到达景区。

燕子岩国家森林公园在去往赤水大瀑布的路上，风溪河沿岸，其以亚热带沟谷雨林植被为主体景观，森林覆盖率达99%，景区生态系统完善，地势险峻，以“翠、秀、幽、奇、绝”著称，是观赏自然生态风光的理想胜地，也是科普考察的重要基地。

上山的路有两条，步行和索道。如果阳光明媚，可选择步行，耗时约2小时，登山途中可漫步于竹簧幽谷，亲自感受由丹霞石所铺的1818级“发财梯”。如果是云雾天气，建议坐索道，耗时约15分钟，可体验脚踏行云、怀揽河山的畅快！从缆车俯瞰，山谷升起薄薄云雾，连空气似乎都让人感受到清甜，每一个角度拍出来的画面都是电影级别的。

行程导航：在蓉遵高速公路赤水出口出高速，走546国道，在大同大桥右转，沿382县道行驶即可到达景区。

四洞沟

四洞沟景区离大同古镇很近，沿大同河上行约6km即可到达，其因大同河支流闽溪上有四条风格各异的瀑布且瀑后有穴洞而得名。

由景区沟口闽溪嘴而进，过古道桥，穿翠竹幽深曲径，行约1km，便到了第一洞——水帘洞瀑布。瀑布幅宽约37.5m、高约31m，珠帘悬挂，白纱绢绢，声若

雷鸣，气势万钧。瀑前的水潭叫碧波潭，潭边有仰天座、观星石两墩丹霞巨石，宛如两位守护神将，日夜守望着瀑布碧潭。

沿溪边小径而上，前行约800m又至湖宽水静、一派清幽的月亮潭。月亮潭瀑布宽40余米，高20余米，远看秀美得如一把向下的弯形银梳。瀑面是梳背，向下呈均匀状分布的银色细流像若干梳针。

离开月亮潭瀑布前行，约1km长的溪中美轮美奂的丹霞奇石无不妙趣横生，“海龟石”“天书石”……令人目不暇接，浮想联翩。

第三洞飞蛙崖瀑布，高约26m，宽约43m，瀑中间有一巨石，宛如跳起欲飞的石蛙，将瀑布分为两道，飞蛙崖瀑布因此而得名。

最后一洞就是四洞沟瀑布群中最大的一个瀑布——白龙潭瀑布，瀑布高约60m，宽约23m，瀑声如雷，雨雾弥漫，飞流直下，气势恢宏，动人心魄。瀑下白龙潭龙翻水沸，飞珠溅玉，银光闪烁。

除了四级瀑布外，四洞沟景区内翠竹掩映，密布着八属40余种竹类，竹林内生长着各种鲜美的竹笋，以及珍贵的竹荪，并有野生珍禽竹鸡。

赤水竹海国家森林公园

赤水竹海国家森林公园位于赤水市葫市镇，距佛光岩景区不远，其是世界上面积最大、海拔最高的竹类国家森林公园。竹海风光、瀑布群、原始森林、野生动物和丹霞奇观构成了景区的绝美景观。

公园的最高点在观海楼，观海楼共6层，高约26m，造型别致。登楼凭栏远眺，莽莽苍苍，层层叠叠，浩瀚无垠的竹韵尽收眼底。山风拂来，顿时万

行程导航：从蓉遵高速元厚收费站出高速，过桥左转，沿赤水河谷旅游公路行驶，在金沙村右转，沿公路行驶即可到达公园游客接待中心。

顷碧波，如春潮滚滚，再举目四望，远山近岭层层青峰云雾缭绕，犹如一层薄纱在葱绿的山峰间起伏，使青翠的山峰时隐时现、时沉时浮，美不胜收，令人心醉。

观海楼北侧山谷有形如羽毛的竹海湖，似漂浮于竹海上的蓝色羽毛。一到夏天，竹海湖就热闹起来。立式摩托艇、空中飞人组成的水上超人秀表演，在湖面往来穿梭的超人，犹如浪里白条，不时上演一个个惊险刺激的画面，引得游客阵阵尖叫。

丙安古镇

行程导航：从蓉遵高速旺隆收费站出高速左转，经380县道、546国道行驶可到达丙安古镇，古镇在赤水河对岸，有铁索桥与两岸相连。

丙安古镇自古为川黔驿道和川盐入黔水陆盐道上的著名盐埠商市和军事关隘，该镇踞守陆路驿道，扼控赤水河航道，地理位置十分重要，为兵家必争之地，被誉为“千年军商古城堡”。古镇因独特的魅力和深厚的历史文化底蕴，被誉为“中国历史文化名村”。

古镇背倚青山，三面环水，现存古建筑大多成形于明末清初。虽历经数百年风霜，仍稳如

JC 5

磐石。现保存完好的建筑有吊脚楼、古寨门、古码头、摩崖占碑刻、五龙八墩桥、朝佛寺、石板街面等。

古镇主街是一条平整的石板街，沿地形弯曲成“S”形，中间宽，连接东西城门处的街头街尾窄，形似葫芦状，被建筑界专家称为“葫芦街”。

丙安古镇还充满了红色传奇。1935年1月，红一军团曾在此扎营，此后红军开始一渡赤水。如今，丙安古镇修建了“丙安红一军团陈列馆”，全面展示了红军长征在赤水艰苦卓绝的征战过程和红一军团在丙安留下的历史永恒记忆，“丙安红一军团陈列馆”也是红一军团在全国唯一的纪念馆。

行程导航：在蓉遵高速公路赤水出口出高速，走546国道，在大同大桥右转，沿382县道行驶即可到达。

大同古镇

大同古镇位于赤水河支流大同河河畔，距赤水河仅约6km，是去往四洞沟景区的必经之路。镇上有一条不长的小街，屋檐将小街的天空挤成一条线，雨水和阳光都只能颤颤悠悠地扶着瓦愣和木墙徐徐而下。小街清一色地用石板铺就，那是暗红色的丹霞石，人走了几百年，阳光风雨也走了几百年，所以石板已经磨得十分光滑，偶尔有穿高跟鞋的女子走过，“嗒嗒嗒”的脆响竟能敲碎一条街的寂静。

从石板街逐级而下，到了大同码头，河水一次次击打岸边凌乱不堪的阶石，又一次次寂寞地回去。半山腰有一棵古老的黄桷树，探出半个身子俯望大同河。

在雨后阳光的秋日里，身处斑驳的古镇，有一种时空停滞般的惘怅感和错觉，似乎从码头上岸，沿着古老的街市走过，穿过时空隧道，能走到遥远的明清时代、民国时代。那时，这里是一个繁忙的码头，常常停泊着满载货物的商船。现在，随着公路的开通、运输线路的转移，曾经繁华的古镇沉寂下来，并在沉寂中渐渐老去。

花开花落，云卷云舒，一如世间万物，绚烂之后总会归于平淡。而都市里的人们来到这里，放下平日的人事纷扰、滔滔名利，当自己的皮鞋踏在街石上，清净中或许能听到自己的心跳，于是有了些许“大同”的美好。

大同古镇，不仅是一个名字，更是一种追求已久的愿景。

大同古镇上编竹制品的老人

古镇的生活节奏太慢，也太过寂静，年轻人便外出闯天地，这让大同古镇成了老人们的世界。老人们或坐在磨得发白的门槛上晒太阳，或三五成群地围坐在竹桌边打雀牌，也有的老人重操旧业，或当篾匠，或当铁匠，或当伞匠……当然，并不一定是因为挣钱，这更像是他们对生活的一种期许。

中国侏罗纪公园

行程导航：从蓉遵高速元厚收费站出高速，过桥左转，进入赤水河谷旅游公路，沿道路行驶，在金沙村右转，沿公路行驶约3km即可到达公园游客接待中心。

喜爱恐龙的朋友千万不要错过中国侏罗纪公园，在赤水竹海森林公园对面的赤水桫椤国家级自然保护区内，有着以“古生物活化石”桫椤为主体开发的“地球爬行动物时代”标志植物及其生存环境游览观光园林，即中国侏罗纪公园。

桫椤在中生代侏罗纪、白垩纪时曾盛极一时，与大型爬行动物恐龙同生共荣。第四纪冰川期后，恐龙等古生动物、古生植物在地球上绝迹，桫椤也濒临灭绝，作为当今一种十分珍贵的木本蕨类植物，其被誉为“蕨类植物之王”、科学研究的“古生物活化石”。

赤水桫椤国家级自然保护区内生存的桫椤，种群数量达4万余株，具有数量

多、生长好、分布集中、生态原始等突出特点。赤水是目前国内和世界上罕见的桫椤天然集中分布区，被科学家誉为“桫椤王国”“桫椤的最后一块避难所”。

园内开辟了甘沟、大水沟、两岔河三个景段，供游人观光游览。甘沟景段的山涧水、大水沟景段的“鸳鸯桫椤”、两岔河景段的“三代桫椤”，分别是各个景段的“亮点”。

神女瀑布

赤水市1800多平方公里的区域内，一共有大小瀑布流泉4000余挂，在这些形态各异的美丽飞瀑之中，有一形状奇特的瀑布，倾斜地流淌在山间，呈现出罕见的“S”形形态，远远望去，就像一位穿着白色长裙的少女温婉恬静地斜倚在巨大的山崖上。该瀑布虽然没有其他大型瀑布奔腾豪放的气势，却在恬静之中展示着秀丽的身姿，因此，当地人将这端庄秀美的瀑布形象地称为神女瀑布。神女瀑布就位于赤水竹海森林公园旁，单身男士别忘了到瀑布前许个愿，据说许愿后来年就能找到中意的伴侣哦！

食味 赤水 CHISHUI

赤水全竹宴

赤水除了有丹霞飞瀑，另一特点就是漫山遍野的竹，作为中国十大竹乡之一，在赤水，无竹不成席，于是，就有了全竹宴。

全竹宴的各个大菜有许许多多的烹饪方法，根据厨师的技艺和消费者需求，可烧、炖、炒、烤、蒸、煲、烩、凉拌等。原材料有竹笋、竹荪、竹荪蛋、竹燕窝（竹菌）、竹虫等，以及和竹子有关的竹筒豆花、竹筒米饭、竹海腊肉、竹乡乌骨鸡、竹荪酒等。

糊辣壳面

赤水河边，东门码头外，有一家最出名的糊辣壳面馆，时常是屋子里挤满了人，外面也排着长长的队。

糊辣壳面最重要的是辣椒。每煮一碗面，都从柴火堆上拣几个烤得焦煳的干辣椒，丢进竹筒捣碎，然后将其撒在刚起锅的面上。焦香味弥漫在狭窄的空间里，有些刺鼻。做臊子的猪肉，最好取材于用农家熟饲料喂养的猪，这样的猪肉肉质好，鲜味足。汤的熬制特别讲究，汤料、火候都得到位。面条得用刚加工的水面，中刀的，不粗不细，这样既利于吸收汤的鲜味，还能保证筋道弹牙。

猪儿粑

以糯米或粳米舂粉和成面团，包以咸馅（加鲜肉、腊肉、豆腐干粒、竹笋芽菜丁等）或甜馅（豆沙、白糖、花生碎、核桃碎等）制成的猪儿粑，出笼时白白胖胖，俨如熟睡的小猪，猪儿粑的称谓或许就来源于此。

遵义赤水河两岸的赤水、习水一带，甜的或咸的猪儿粑是当地百姓一年四季早餐和夜宵的常备食物。南来北往的客人也喜欢一袋一袋地购买，捎往各地，让更多的人分享美味。

○ **主要特点**

茶文化

湖光山色

自然生态

红色长征文化

至重庆

至务川

长碛古寨

西河镇

玛瑙山军事营垒

绥阳镇

至德江

茶海之心

银百高速

杭瑞高速

凤冈县

绥阳县

中国茶海景区

响水岩古银杏林

九龙山

进化镇

新舟机场

湄潭县

湄潭文庙

天鹅湖

三渡镇

象山茶博公园

湄潭翠芽27°景区

新蒲新区

云门囤景区

松烟镇

关兴镇

老林河风光

施播高速

贵遵高速

飞龙湖

红渡景区

余庆县

贵遵复线

至瓮安

东南线

新蒲新区

湄潭县

凤冈县

余庆县

新蒲新区

新蒲新区位于遵义市主城区东部，2009年5月，新区党工委、管委会挂牌成立。新蒲新区北与汇川区、绥阳县接壤，南与红花岗区相邻，东面为湄潭县，西面为汇川区和红花岗区。

新蒲新区是遵义市实现城市总体规划空间布局的主要区域，通过高新快线、新南大道、新龙大道、迎宾大道、凤新快线，以及正在建设中的航新快线等骨干路网，与老城区紧密相连。经过多年建设，一座山水相望、产城融合、环境优美、规划合理的宜居、宜业、宜学、宜游的现代化特色新城正在崛起。

新蒲新区境内的禹门村、沙滩村是“沙滩文化”的发祥地，从这里先后走出了以郑珍、莫友芝、黎庶昌“西南三儒”为代表的大批文学家、外交家、诗人和学者，因此这里享有“贵州文化在黔北，黔北文化在沙滩”的美誉；城区东部，湘江、洛安江、湄江三江交汇，交汇处山水环抱，常年云雾缭绕，河水在喀斯特地表切出一道水上大天门，雄伟奇特。贵州农业博览园是集农业科普教育、农业科技研发和推广、生态旅游、休闲养生、农产品展销于一体的生态园区。城区中轴线上，白鹭湖、天鹅湖隔着新蒲新区湿地公园南北相望。

行程导航：从杭瑞高速三渡收费站出高速，沿326国道往遵义方向行驶约2.5km，左转沿旅游公路行驶即可到达景区。

云门囤

云门囤景区位于新蒲新区三渡镇，地处洛安江、湄江、湘江三江汇流处，山水环抱，常年云雾缭绕。《遵义府志》记载“云门囤，遵义县东之奇境也”。云门囤之奇，奇在浩荡的洛安江，其似与湄江、湘江有约般一路奔腾至此，却被横亘于此的大山拦住去路，正思无路可走之际，却见左侧山崖中开出一道天门，于是左转从天门穿出，与湄江相遇，向着湘江奔去。

景区内除地标性云门景观外，还有全长约200m、高百余丈的“天眼地缝”，连绵数十里，水面清冽，两岸满是嶙峋岩石的湄江画廊，以及龙王潭、牛塘关、大鲵洞、鳖灵广场等景点均可游玩。夏日可在梭米河与水来一次亲密接触，全程约8km的漂流，上游约3km，河水清澈，景色秀美，下游约5km，峡谷奇幽，水流湍急，激情四溅。

云门囤的传说

传说很久以前，洛安江水被黄莲岗挡住，河水泛滥成灾。鲁班带着徒弟赵巧前去凿山开洞，要疏通河水。师徒俩相对掘进，昼夜不休，惊动了山神水怪。凿到下半夜，师徒俩疲困得睡着了，山神与水怪作法将师徒俩已开凿出的洞填平如初，第二天亦复如此。第三天下半夜，赵巧用铁凿钉入黄莲岗山顶，镇住山神，鲁班将宝剑投入水中，斩了水怪，又请出神斧，使出浑身力气，挥砍七七四十九斧之后，天门洞开，河水顺畅，洛安江水患得以消除。现在的洞门崖壁，还处处是鲁班神斧劈过后留下的痕迹。而天门在当地百姓心中，也成了平安顺遂、吉祥之门的象征。

洛安（沙滩）生态文化旅游区

洛安（沙滩）生态文化旅游区涵盖了以沙滩文化著称的禹门村、沙滩村，以及机场路至虾子镇沿线，其中又以禹门村洛安江沿岸、十里荷塘、百灵湖三块区域为亮点。

沙滩文化在贵州文化中地位举足轻重，素有“贵州文化在黔北，黔北文化在沙滩”之说。禹门村有黎庶昌故居、沙滩文化陈列馆，在这里，可以感受到深厚的文化底蕴。洛安江水流平缓，两岸园林景观秀丽，树木葱郁，曲径通幽，不少渔人悠然垂钓于此。

行程导航：出机场高速收费站后在十字路口左转，是因沙滩文化而闻名的禹门村、沙滩村，右转进入机场路往虾子镇方向，则是十里荷塘的乡村美景。

十里荷塘没有荷花确实是个意外，一南一北两个小湖周围掩映着灰瓦白墙的黔北民居，北湖中间有一小岛，岛上一中式廊亭倒映在湖中，典型的东方美学散发着迷人魅力。

百灵湖距十里荷塘仅约2km，东西长约1.4km，东面宽，西面窄，像一只蝌蚪“徜徉”在群山中。湖畔的胡氏民宅（遵义虾子胡氏民宅）是典型的黔北四合院风格，被列为省级保护单位。

沙滩文化

沙滩因洛安江中一片四面环水的沙滩而得名。沙滩一带，江水平缓清澈，两岸田园葱茏叠翠，绿竹环绕农家庭院，古柏傲立禹门山，一派灵秀之气。从明末到清后期，这里孕育了以郑珍、莫友芝，黎庶昌为代表的一大批文化名人，他们崇尚“渔樵耕读”，学术成就影响深远，抗日战争时，浙江大学学者研究这一文化现象，将其称为“沙滩文化”。该地现存清末著名爱国外交家、散文家黎庶昌故居“钦使第”，以及郑珍墓、莫友芝墓等，均为省级保护单位。黎庶昌故居陈列有其生前使用过的家具、文具，以及介绍其生平事迹、著述的文字资料和其他文物。

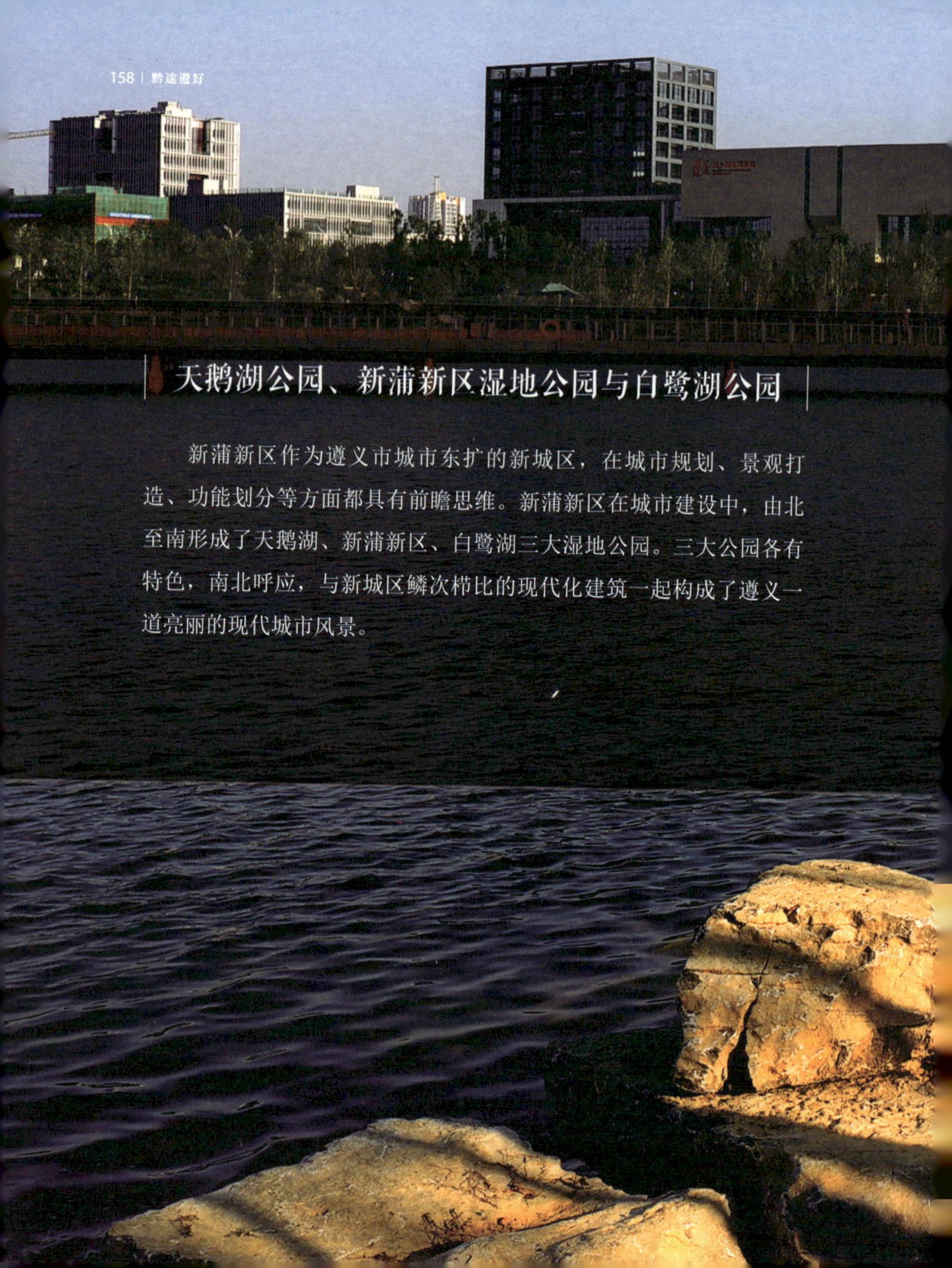

天鹅湖公园、新蒲新区湿地公园与白鹭湖公园

新蒲新区作为遵义市城市东扩的新城区，在城市规划、景观打造、功能划分等方面都具有前瞻思维。新蒲新区在城市建设中，由北至南形成了天鹅湖、新蒲新区、白鹭湖三大湿地公园。三大公园各有特色，南北呼应，与新城区鳞次栉比的现代化建筑一起构成了遵义一道亮丽的现代城市风景。

【天鹅湖公园】

行程导航：天鹅湖公园位于播州大道北段与高新快线交会处，有公交直达，湖西侧有地下停车场。

东西狭长的人民公园似扁担般，东端担着奥体中心，西端担着天鹅湖公园。一座长约2600m的休闲廊桥从奥体中心蜿蜒而来，跨过长征大道、播州大道，然后探向天鹅湖湖面，直奔湖心，又在湖心分为两段，一段接向北岸，一段接向西岸。

在艳阳高照的秋日，天鹅湖尤为美丽，深蓝色的湖面像枚蓝宝石，静谧地待在那里，映着蓝天与白云，湖面映着的白云又像极美丽的天鹅。起风了，风吹皱湖水，波纹晃动，带着白云，天鹅好像要飞起来一样。一簇簇的鲜花，红艳艳地开放着，与绿的草坪、红的木栈平台、蓝的湖面、白的房子、蓝的天，一起织成一条彩带。

【新蒲新区湿地公园】

播州大道的中段，就是新蒲新区湿地公园。这里约2500亩的土地上，因地制宜地分布着湿地涵养区、苗木种植区、湿地鸟类保护区，还设有青少年活动中心、科技馆、茶室、食街、湿地科普馆、观景塔、游船码头，以及形式多样的亭廊等。这里集山、水、林、湖于一体，勾勒出一幅山中有湖、湖中有鱼、林中有鸟、水上有桥的美妙的风景画。

春天是新蒲新区湿地公园最美的季节，草长莺飞，花红柳绿，水面上微波荡漾。在开满樱花的小径上行走，风吹下片片花瓣，好似雪花飘落。小山丘上，或一大片桃花，或一大片海棠花，或一大片李花……一道道地“挥洒”在绿色的草坪上，姹紫嫣红，像是凡·高油画的肌理。

行程导航：新蒲新区湿地公园有多个入口，自驾游的朋友建议走东入口和南入口，有停车场可供停放车辆。

【白鹭湖公园】

行程导航：白鹭湖公园在播州大道南端，东城大道、清水路、新龙大道都有入口，也有地下停车场，十分方便。

白鹭湖公园在播州大道南端，东城大道与清水路交会处，设有5个入口，分公共艺术、公民活动、科普教育、活力运动、彩林岩石五大板块和16个山水景点。

白鹭湖是一个人工湖，湖边有成群的白鹭筑巢繁衍，夕阳西下，无数归巢的白鹭扇动翅膀，映衬在水面上，倒映出一幅人与自然和谐相处的画卷。白鹭湖公园是一个适合开展健康运动的好地方，设有橡胶跑道，跑道两侧有健康步道、距离标识和健康教育宣传栏。从健康步道起点出发，每隔300m设有里程标识牌，人们可直观地看到行走路程、行走步数和消耗的能量。

贵州农业博览园

行程导航：贵州农业博览园位于新舟镇，在机场高速龙口大桥处出高速，进入樱花大道，沿大道行驶约4.5km即可到达。

贵州农业博览园是省内面积最大的农业科普园，以植物为主要特色，是集农业科普教育、农业科技研发和推广、生态休闲旅游、农产品展销于一体的观光博览园。园内有热带植物园、农业旅游大观园、沙生植物园、竹园、珍稀植物园、十二生肖园、玫瑰园、牡丹园、银杏园、茶花园、木兰园、棕榈园等景点。

玫瑰园紧紧围绕“爱”的文化主题打造；热带植物园是一座鲜活的植物博物馆；沙生植物园让你仿佛置身于神奇的沙漠植物世界；竹园的龟甲竹、湘妃竹、紫竹、墨竹、笔竹等100多种竹子，可让你了解更多的竹子品种，感受它们不一样的风格。

最让人惊奇的是十二生肖园，鼠、牛、虎、兔、龙等12种属相，以植物设计的立体雕塑让人叹为观止，来这里，千万别忘了和你的属相拍照留影！其他还有牡丹园、银杏园、茶花园等，一年四季不同的花儿绽放，不同的季节可欣赏不同的美景。

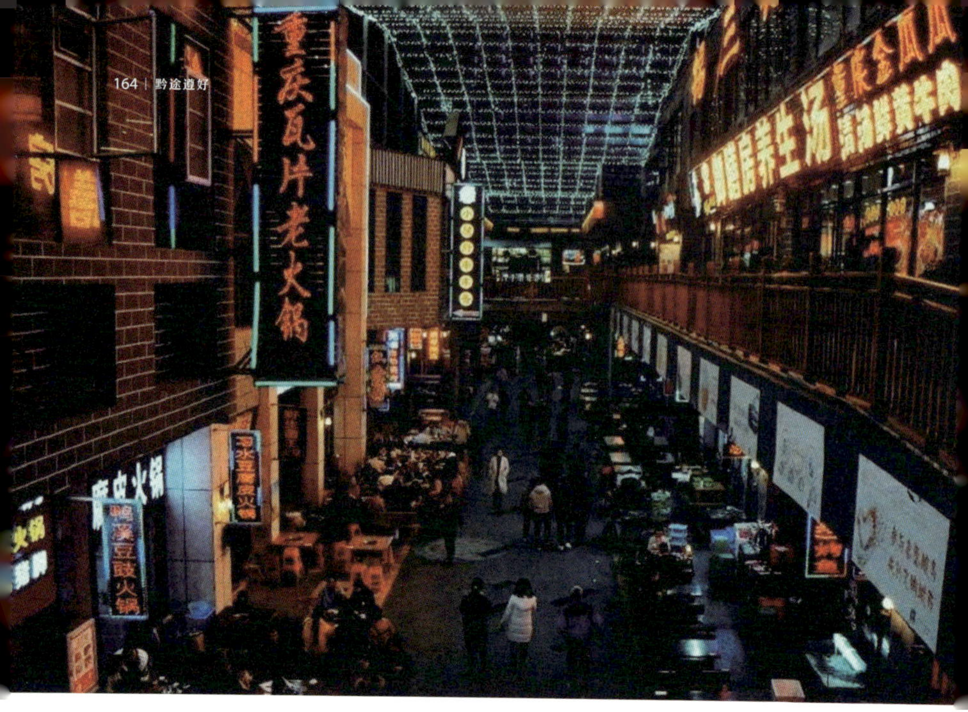

林达美食城

林达美食城位于新蒲新区播州大道与乌江大道交会处，美食城的对面是原来的新蒲镇老街场。得益于老街场的人气，以及周边酒店区的迅速崛起，林达美食城成为新蒲新区人气最旺、餐饮食肆最为集中的地方。

迅速发展的新蒲新区，除了本地人，外来务工、经商的人也很多，外省人与省内其他市、州的人一起，使林达美食城的美食更加多元化。韩式料理、石锅炖、番茄鸡、兰州拉面、北方水饺、重庆火锅、湘味小炒、凯里酸汤鱼、毕节汤圆等省内外美食，都能在这里吃到。

黔北老街

在新蒲新区湿地公园南，合兴大道与长征大道交会处，有一片古色古香的建筑，青瓦、古巷、小院、牌坊……院落里的餐厅放着轻缓的音乐，没有喧嚣，人们悠闲地散步，轻松地交谈着。这里就是黔北老街，快节奏的新蒲新区里的慢生活街区。

习水马临羊肉、湘菜馆、乡村刨锅汤、豆米火锅、黔味烧烤、小酒馆等几十家装修别致的餐馆，成了到湿地公园休闲锻炼的市民累了、饿了时的歇脚点、“加油站”。

禹门卤鸭

新舟镇禹门村因沙滩文化而闻名，吸引了不少喜爱历史文化的人前来参观，来到禹门，千万不要忘了吃禹门卤鸭这道菜，这可是当地最地道的美食了。禹门卤鸭采用洛安江里放养的当地土鸭肉为原料，经特殊工艺卤制而成。鸭肉色泽红润光亮，肉质鲜嫩可口，酱香味醇香柔和，一食便令人胃口大开。

湄潭县

湄潭县位于遵义市东部，县城距遵义市主城区约58km，地域呈南北狭长状。湄潭县北部与绥阳县、正安县、凤冈县接壤，南与余庆县、黔南布依族苗族自治州瓮安县相邻，东为凤冈县、余庆县，西为绥阳县、新蒲新区及播州区。

浙江大学西迁湄潭办学，在生活条件极其艰苦的岁月里，竺可桢校长倡导“求是精神”，会聚和保护了苏步青、王淦昌、贝时璋、胡刚复、蔡邦华、王国松、王琎等一批知识分子。他们胸怀报国之志，小屋陋室栖身，俭餐淡食果腹，创造了累累教学科研成果，也为湄潭注入了深厚的文化血脉。民国中央实验茶场落户湄潭，与浙江大学农学院协作，以湄潭茶叶试制出工夫红茶及仿龙井茶的湄潭翠芽。

湄潭县境地势平缓，浅丘、山峦绵延起伏，山川秀丽，生态良好，被誉为“小江南”。湄潭是“贵州茶业第一县”，茶之于湄潭，如酒之于仁怀。湄潭的旅游景点，如中国茶海景区、“天下第一壶”、翠芽27°景区、浙江大学西迁历史陈列馆等，都与茶叶紧密相连。

中国茶海景区

湄潭县城东北的永兴镇，产茶的地方却不叫茶山，叫茶海。4万余亩的连片茶园此起彼伏，汇聚成目前世界上面积最大的茶海。

置身茶海，绿涛绵延，茶海扬波，你肯定会为这宽广的茶海胸怀所折服，世间万物在此时变得那么渺

小，放眼望去，采茶姑娘忙碌的身影在万里碧波中犹如一朵朵美丽的浪花在“飞舞”。

登上五层观海楼，茶海便以另一种视角呈现在人眼前。条条茶道，阡陌纵横于茶海之中，随着山丘此起彼伏，向远方不断延伸；茶海四周，是连绵不绝的青山，层层叠叠，在云雾和光影下呈现出深浅不一、浓淡各异的山形轮廓，随意取一角风景，都是一幅绝美的画。

行程导航：中国茶海景区位于杭瑞高速旁，从杭瑞高速永兴收费站出高速右转不远即可到达。

翠芽27°景区

行程导航：从银百高速湄潭东收费站出高速左转，走243国道到达兴隆镇，景区入口在兴隆镇的龙凤村。

翠芽27°景区是一个全景域开放式景区，距湄潭县城约10km，是指湄潭县核金龙环线（核桃坝—金花—龙凤）茶文化乡村旅游区，包括核桃坝茶海生态园、七彩部落、《十谢共产党》发祥地——田家沟、田家沟万花源等景点。该景区于2009年被评为全国农业旅游示范点、2014年被评定为国家4A级旅游景区，是湄潭县新农村建设的一个示范点，是集休闲避暑、会务接待、民居风情、茶文化体验、特色餐饮等于一体的大型乡村旅游区。

【龙凤村的木栈道】

由204省道兴隆镇人民政府拐进龙凤村，成片的茶园就出现在眼前。望不见头的木栈道在茶园里穿梭，翻过小山坳便不见了踪迹，然后在远处的山腰又冒出来，倏地一下钻进小树林又没有了，却又在山脊蹦出，像极了孩子在山坡上蹦蹦跳跳地玩耍。茶园的亭子里，正有人看风景，万绿丛中，那一抹红色，鲜艳而美丽。

【田家沟的歌】

从龙凤村往景区走约3km是田家沟，在一水质清澈的山塘四周，青山与茶园自然相拥，一栋栋青瓦白墙、红柱花窗的黔北民居倒映在水面上，十分美丽和谐。田家沟的花灯戏十分有名，过上幸福生活的老百姓自发编写了花灯戏《十谢共产党》，歌谣火遍乡村，广为传唱。

【七彩部落的房】

七彩部落距田家沟约3km。大门由许多彩色的大石头交错砌成，两边七色的格桑花在风中起舞，茶园上方钩挂满了七彩雨伞，一阵凉爽的风拂过，彩色的伞在风中摇摆，像是在喜迎远道而来的客人。

村庄里原本单一色彩的黔北民居外墙，被粉刷成了红、橙、黄、绿、青、蓝、紫的彩色墙面，房前屋后，是干净整洁、繁花似锦的农家小院。空气里弥漫着清幽茶香，村民在田间不紧不慢地劳作，是那样的从容不迫，半山处有山歌悠悠飘来，听得山下的人心痒欲醉，恍如来到童话故事里的小村庄。

【核桃坝的人】

核桃坝村被誉为“中国西部生态茶叶第一村”。说到核桃坝，就得提起一个人 —— 核桃坝村原党支部书记何殿伦。带领村民发展茶产业，走上致富路的何殿伦老支书，曾当选全国人大代表，被评为全国劳动模范、中国茶业企业十大风云人物，得到党和国家领导人毛泽东、邓小平、江泽民等的先后接见。以其为原型拍摄的电视专题片 ——《老茶农》，在中央电视台等多家媒体播出。

湄潭文庙与浙江大学西迁历史陈列馆

风景秀丽的湄潭城东回龙山下，坐落着一处古朴典雅的古建筑群——湄潭文庙。湄潭文庙始建于明万历四十八年（1620年）。在回龙山西面的五级平台上，依次布局着崇圣寺、大成殿、钟鼓楼、大成门、棂星门、月池、状元桥等建筑。

20世纪30年代末，浙江大学为避日本侵华战火，竺可桢校长率全校师生辗转西迁办学，1940年迁至湄潭稳定下来，在湄潭时间将近7年。浙大在湄潭时，教务处就设在湄潭文庙内。

1990年7月，“浙江大学西迁历史陈列馆”在湄潭文庙揭幕，这是全国少有的以西迁办学内容为主题的专题陈列馆，分漫漫西迁路、遵湄办学史、竺公风德颂、求是群芳谱、今日求实园、湄杭情谊深六个展厅。

“一支文军”的长征

七七事变后，日寇将侵略的战火蔓延到沪杭一带。为了坚持办学，积极抗日，竺可桢校长毅然率浙大上千师生和2000多箱图书仪器，踏上了西迁办学的征途。两年多的时间，跨越江南六省，跋涉5000多里，终于到达了黔北，逐渐稳定下来。浙大西迁路线正好与中国工农红军长征前半段路线基本重合，到达的终点又正好是对中国革命具有转折意义的遵义，因而人们把浙大西迁称为“文军”的长征。

行程导航：浙江大学西迁历史陈列馆位于湄潭县城东，浙大广场旁。

象山茶博公园

湄江河南岸，有一片高山茶园，茶园的行道两旁，栽种着一行行的樱花树，这就是在湄潭人心里有着独特地位的象山——守护神一样的存在。

1939年，国民中央实验茶场在湄潭建立，首任场长刘淦芝在象山开辟茶园，鼎力打造了中国首个“西部实验室”。

如今的象山，春天是最美的季节。站在象山广场，远远望去，道路两旁的樱花树随着蜿蜒的山一路攀爬，满树烂漫的樱花，透出一股甜美的气息。沾有清晨露珠的樱花，在阳光的照耀下闪闪发亮，风划过枝头，粉红樱花雨飞舞而下，转瞬即逝。

行程导航：从杭瑞高速湄潭收费站出高速后，沿茶城大道、茶圣大道、象山路行驶到达公园。从银百高速过来的游客在湄潭东收费站出高速，沿204省道、象山路行驶到达景区。

食味

湄潭 MEITAN

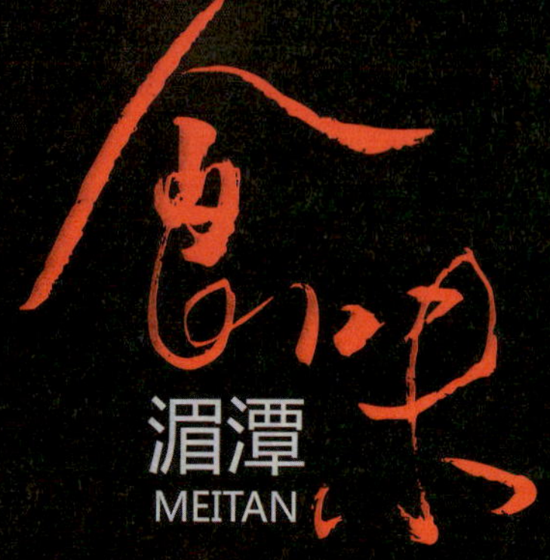

永兴板鸭

作为“黔北四大名镇”之一的永兴，其美食自然也不遑多让，永兴板鸭便是这百年商贸古镇一道传承悠久的美味。

永兴板鸭色泽金黄、肉色红润，入口肥而不腻、嫩而化渣、耐咀嚼、鲜香味独特。现在的永兴镇上，处处都有经营永兴板鸭的馆子，可堂食，可真空打包带走。真空打包后存放时间可以久一点，不过作为吃货，现吃最美味，放的时间久了，味道还是会差一些。

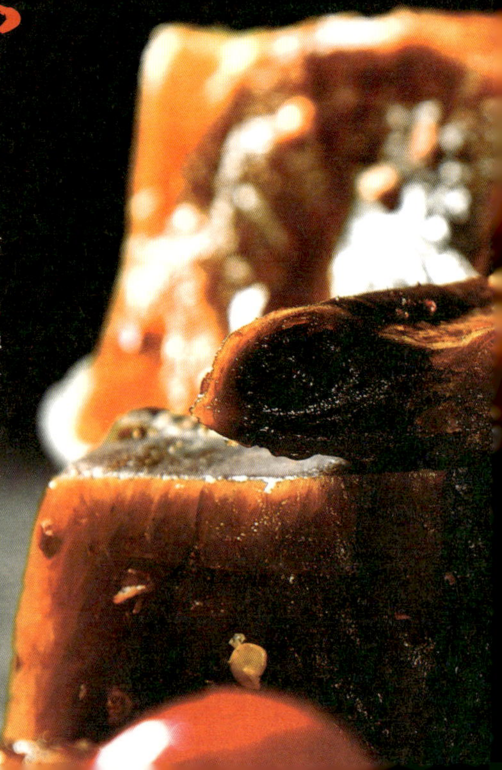

牙签肉

因工作原因常去湄潭，好友常让我打包带点湄潭的小吃牙签肉，并特别强调：一定要是湄江河吊桥边上那家哟，他家的味道最巴适！其实，湄潭有很多专门卖牙签肉的小吃店，王平牙签肉、石先波牙签肉、湄水桥老夜市牙签肉、永胜牙签肉等，味道都很不错。特别是在夏天，来一盘牙签肉、烤一份茄子，整两瓶啤酒，在湄江边，与朋友吹着晚风谈天说地，那生活，真是没得讲了……

蛋裹辉煌

蛋裹辉煌是源于湄潭县的一道特色小吃，其做法是先将火腿、蔬菜等一起炒香，之后放入糯米饭（也有放入土豆泥的），炒至均匀，加盐、胡椒粉等调味，再将打好的鸡蛋，加一点点盐，在烙锅上煎成蛋饼，最后将炒好的糯米饭放在蛋饼上，包起来装在白瓷盘里。食用时，用小勺子一点一点地舀着吃。因为煎出的蛋饼色泽金黄，里面又内容丰富，于是便有了这一响亮的名字——蛋裹辉煌。湄潭的夜市小食店，一般都经营这一美味的特色小吃。

凤冈县

凤冈县位于遵义市东部，北与务川仡佬族苗族自治县接壤，南与余庆县、铜仁市石阡县相邻，东边为铜仁市思南县、德江县，西边为湄潭县、正安县。

位于凤冈县永安镇田坝村的茶海之心景区，茶园面积达69km²，茶海极目处，碧波荡漾，绿浪翻滚，此起彼伏，茶中有林，林中有茶，林茶相间，因此这里被誉为心灵的故乡、养生的天堂。县城北约20km处的玛瑙山军事营盘，始建于南宋末年，扩建于清咸丰年间，是中国南方古军事建筑中的一绝。响水岩古银杏林，500年以上树龄的有几十棵。每到秋季，银杏树叶逐渐变黄，微风拂过，金黄色的银杏叶纷纷飘落，随风婆娑起舞，诗情画意，令人流连忘返。九龙山山色奇秀，犹如一条龙背，蜿蜒数里，登山顶玻璃栈道，湄潭、凤冈之群山尽收眼底。

行程导航：茶海之心位于湄潭县与凤冈县交界处的永安镇，两个县城均有班车到永安镇。自驾游客在银百高速西河收费站出高速，走360县道即可到达。

茶海之心

“田坝”，一个很多地方都可能出现，普通得甚至有点儿土的地名，在凤冈却还有另一个充满诗意的称呼——茶海之心。凤冈北部永安镇，小山丘上，一片又一片的茶园与一片又一片的树林相依偎、相扶持，形成了面积达69km^2，森林覆盖率85%以上，以茶、林相间为特色的生态景区。

田坝最美的时间是早上，在“茶海之心”小住一晚，晨曦微露时登上

仙人岭，东方的天空，太阳还未升起，却已经将朝霞染得嫣红。树林与茶园间有薄雾缭绕，风吹过，凉凉的，还夹杂着鸡鸣与狗吠。太阳慢慢地露出一点来，却露不全，在云层中，光芒照射下来，穿过云层，形成光柱，照在树林上，又从树林的缝隙中漏下来，洒在茶园上。晨雾更浓了，形成山岚，环绕在林间，系着一片又一片的茶园，像白色的纱幔上装饰着一块块碧玉。光柱、树林、茶园，还有三两户农家升起的几缕炊烟，组成了一幅光影炫丽的田园画卷，让人恍然间觉得“海为茶世界，云是心家乡”。

仙人岭

景区有索道到仙人岭观景台，观景台海拔约1200m，在这里可以鸟瞰茶海之心景区全貌。山间常年云雾缭绕，置身其中仿佛到了人间仙境。在夏天，来自重庆、成都、贵阳等地方的摄影爱好者和露营爱好者会搭上帐篷，在这里避暑过夜和捕捉日出日落的美丽瞬间。仙人岭是拍摄茶海之心的最佳地方，拍出的茶海风景光影效果奇佳，在省内外摄影展屡屡斩获大奖。

长碛古寨

行程导航：长碛古寨位于凤冈县新建镇，自永安镇往东，走358县道，在前庙往北走267乡道到达新建镇，从镇上步行数百米即可到达古寨。

长碛古寨始建于元末明初，是一个保存较完好的古寨，周边风景集曲水、云山、烟霞、花海为一体。洪渡河在这里九曲回转，形成了马鞍缺、庙坝、长碛三个较大的半岛，在河水携带的泥沙长年累月的冲积下，这里形成了扇坝。坝上地势平坦，土壤肥沃，每到春天，万亩油菜花竞相开放，将坝子染成金黄色，形成壮观花海，与古村炊烟、青山云雾、曲折流水形成步步

有景、处处溢春的世外桃源。这里空气中弥漫着令人陶醉的花香，美丽的风景吸引了众多的游客前来驻足观赏、留影。

古寨历史文化厚重，有清道光年间的朱氏祠堂，嘉庆年间的“圣旨”旌表、龙泉知县题联“谢氏节孝坊”，清光绪年间的“禁止捕鱼古碑”以及“上衙、下衙”“回音壁”“打板沟”等人文景观。

行程导航：从凤冈县城北走205省道到绥阳镇，玛瑙山军事营盘在小镇东侧。

玛瑙山军事营盘

玛瑙山又名金磐山，山上的古军事建筑遗址始建于南宋时期，扩建于清代，距今约800年的历史。

军事营盘所在的玛瑙山并不高，也不险峻。沿小路上山，可看到用大大小小的石头垒建的军事堡垒掩映在茂盛的树林中，依山就势，起伏连亘，形成3～4层防御工事。据统计，营盘共有石门40余道，枪炮孔500余个。玛瑙山军事营盘独特之处在于其地下工事，天然溶洞的3个洞口与营盘巧妙结合，可攻可守，在防御的同时还可反包围。在冷兵器时代，营盘对地形的利用可谓发挥到极致，使普通小山丘里隐藏着阵阵杀机。

太极洞与无极洞

距九龙山仅约3km的太极洞，原名腾云洞，因洞顶有一圆形凹穴，形似太极图，故改名太极洞，早在清代其就被列为贵州名胜，号称“黔北第一观”。洞内历代名人石刻众多，石窟、神像林立。不远处的无极洞内有30余个神态各异、形象逼真的傩戏脸谱，错落有致地贴在石壁上，虽年久失修，但轮廓依旧。洞外石壁上有天下第一大“凤”字摩崖石刻，高约18m，宽约14m，成为凤冈“凤鸣高冈”的象征。洞内清幽、宽敞，洞外蒲水河环绕而过，清静、幽雅的环境使其成为儒、佛、道修身养性的天然绝妙境地。

九龙山

凤冈县进化镇临江村在2017年被评为贵州省甲级乡村旅游村寨。临江村西面，一条南北走向、2000余米长的山脊，犹如一条龙背，伫立在凤冈、湄潭两县交界处，被称为九龙山。山顶建有外挑约30m、悬空约200m的玻璃平台，平台上可览湄潭、凤冈诸峰。观景台上，蓝天白云映在玻璃上，与山色风光融为一体，置身其中仿佛进入天空之城。

山脚的九龙湖波光粼粼，清澈见底，像一块巨大的翡翠镶嵌在九龙景区，为秀美的山色增添了水的灵性。

行程导航：从杭瑞高速凤冈收费站出高速右转，走秀河线、352县道往进化镇方向行驶，在清江村右转，经临江村即可到达景区。

响水岩古银杏林

“秋风凉，杏叶黄。捡白果，添衣裳。”这是进化镇响水岩村民孩童时哼唱的童谣。这里生长着400余株国家一级保护植物银杏，其中500年以上树龄的有34株，千年以上的有9株，最大的一株胸径达2.2m。响水岩古银杏林被有关专家鉴定为“国内罕见的野生银杏群落”。

秋季，响水岩的银杏树叶逐渐变黄，微风拂过，金黄色的银杏叶纷纷飘落，随风婆娑起舞。白墙青瓦的村落，绿黄相间的农田，金黄的银杏与其他常绿树种相互映衬，层层叠叠，错落有致，浑然天成，弥漫着浓浓的诗情画意，令人流连忘返。

行程导航：从进化镇往东走362县道，经大堰村到毛家湾，离开主路往北走乡村马路即可到达。

凤冈油茶

凤冈油茶的主要原料是花生米、核桃仁、黄豆、芝麻、油渣、茶叶、菜籽油等。具体做法：第一步，将上述原料炒制或油炸后放入擂钵，捣碎成沙粒或粉状，将荞皮、米花、黄饺等茶点用油炸脆备用。第二步，用菜籽油、微火将茶叶炸黄，加入适量的水煮沸后，再放入备好的黄豆、花生、核桃仁等配料，用长柄木瓢在铁锅内慢慢按压，直至成为糊状的茶糕。第三步，熬油茶，将菜籽油放入锅内，再放入制好的茶糕，然后加水煮沸，放入适量的盐、花椒粉、猪油渣，撒上炒熟的芝麻，香喷喷的油茶就做好了。

凤冈绿豆粉

凤冈绿豆粉是当地百姓喜爱的小吃之一。在凤冈县的农村，每逢春节，村村寨寨、家家户户都要做粑粑、推绿豆粉，万户一片磨浆声，把新年的气氛烘托得浓浓的。绿豆粉的吃法多种多样，可以加汤做成汤粉，也可以下锅加肉做成炒粉。凤冈的吃法一般是将绿豆粉放入开水中烫一下，沥干装碗，然后加豆腐颗、肉末、盐菜以及葱、姜、蒜等干拌，取名“干馏绿豆粉”，这是凤冈县独有的。凤冈绿豆粉的筋丝好，有嚼头，软而绵扎（方言，形容食物筋道），又香又好吃，味道独特。

青糖凉虾

群山环绕、曲水流觞的凤冈县琊川镇，每逢夏天，乡场上都会有人沿街叫卖：凉虾、凉虾、青糖凉虾。

凉虾并不是真的虾，而是将米提前一天浸泡，凌晨用石磨磨成米浆，添加生石灰水，然后放在大锅内用微火熬成黏稠的米糊，再用有许多小孔的瓢将米糊趁热挤压到凉水里，形成的一个个带有小尾巴的像虾一样的颗粒。吃时用冰水、青糖兑匀即可。

余庆县

余庆县位于遵义市东南部，面积约1622km²。余庆县北与湄潭县、凤冈县接壤，南与黔南布依族苗族自治州瓮安县、黔东南苗族侗族自治州黄平县及施秉县相邻，东边为黔东南苗族侗族自治州施秉县、铜仁市石阡县，西边为湄潭县、黔南布依族苗族自治州瓮安县。贵州第一大河——乌江自西向东横贯县境中部，余庆县是中国小叶苦丁茶之乡、革命老区县和国家生态文明建设示范县。2001年以来，余庆县大力推进“四在农家·美丽乡村”建设。

1935年1月，中央红军在余庆境内乌江迴龙场渡口突破乌江，北上遵义，留下了“红渡传奇”。而今，在红军当年突破乌江的迴龙场渡口下游，筑起了气势雄伟的构皮滩水电站大坝，群山之中，高峡出平湖，湖面烟波浩渺，山水辉映，湖岸炊烟袅袅，山幽林静，飞鸟竞逐，一条长达999m的金色“长龙”随着山脊起舞。

二龙的茶山、红渡的梯田、老林河的群峰、大乌江的烟云、都市第三地生态园的灯光，无不透射出“积善之家，必有余庆”的幸福生活。

飞龙湖

行程导航：飞龙湖景区接待游客的主要是浪水湾景区和飞龙寨景区，两个景区之间可乘游船来往。前往浪水湾景区是在银百高速龙家收费站出高速，经龙家镇、敖溪镇到达菁口村，景区在菁口村。飞龙寨景区，由施播高速飞龙湖收费站出高速即可到达。

在贵州西部高原乌蒙山脉东麓，威宁县盐仓镇营硐村石缸洞里涌出的一股清泉，形成小溪，一路汇集大小支流，终汇成江，这就是贵州第一大河——乌江。乌江在滋养这方水土的同时，还无私地给予我们力量——乌江水力资源在长江各大支流中名列前茅，全流域水力资源理论蕴藏量1000万千瓦以上。修建于余庆县构皮滩镇的构皮滩

水电站，是贵州装机容量最大的水电站，总装机容量约300万千瓦，超过长江上的葛洲坝水电站。雄伟的大坝伫立在原本险峻的峡谷中，让一路奔腾不止、哺育流域儿女的“贵州母亲河”放慢了匆忙的脚步，在群山峡谷之间停下来，舒展着自己的筋骨。由空中俯瞰，狭长的构皮滩水库就像是一条张开四肢、舞动飞翔的巨龙，于是，它便有了一个美丽的名字——飞龙湖。

【飞龙寨景区】

飞龙寨位于花山苗族乡花山村，景区融龙文化、民族风情、山水景观于一体。

景区有世界第一龙形观光长廊，999m的长廊上雕梁画栋，长廊内以龙等十二生肖、二十四节气、民族民俗、神话故事、历史典故为内容的图画把长廊打造成了中华古典知识走廊。景区还开辟了航空飞行营地，为来自各地的游客观赏贵州第一大湖、亚洲第一高坝、“天下第一长龙”提供独特的空中视角。这是全国首家低空飞行基地示范点，也是贵州省唯一获首批“全国通用航空旅游示范单位”称号的景区。

【浪水湾景区】

浪水湾景区位于余庆县大乌江镇箐口村、飞龙湖景区北入口，是飞龙湖休闲度假旅游区北端的重要组成部分，有探索科技奥妙的神奇园、了解地方特色民俗传统和生产生活习俗的农耕园、体验水上垂钓乐趣的钓鱼棚等。

猕猴半岛更是妙趣横生，猕猴表演、猕猴迎宾、猕猴竞技等节目精彩纷呈。“大圣”出场，憨态可掬的表演逗得游客乐不可支，留下欢快的笑声……

红渡景区

行程导航：在施播高速龙溪收费站出高速，走243国道到大乌江镇，在大乌江特大桥前（不过桥）左转，沿盘山公路行驶即可到达。

红渡村原名岩门村，因1935年1月红军在村中迴龙场渡口率先突破乌江、北上遵义而改名。乌江边上，海拔300～900m、层层叠叠、高低错落的2000多亩梯田，从山脚盘绕到半山腰上，线条如行云流水，规模宏大，气势磅礴，景色随季节更迭变化，可谓美不胜收。

红渡民宿 / 旅居农家

2014年，红渡村引进外来资本，以农居、院落、田园等为资源背景，打造“民居客旅、主客共享”的乡村旅居业态“余庆坊”，让传统的红渡村成为可居、可食、可体验的乡居生活综合体。改造后的红渡村，数十套民宿，上百间格调雅致、干净整洁的客房，成为都市游人在大山的临时居所。漫步余庆坊，斗折蛇行的观光栈道，文化浓厚的观光农业，富有诗意的院落，新奇可爱的“稻梦空间”，温馨浪漫的旅居设施……处处是文化创意的杰作。水桶、磨盘、水车、篱笆这些农耕符号，总是恰到好处地映入你的眼帘，勾起一丝时光流转的暖暖乡情。

老林河风光

行程导航：老林河位于关兴镇高炉村，在玉新高速关兴收费站出高速，向南沿乡村公路行驶，即可到高炉村。

乌江北岸关兴镇境内的老林河省级森林公园，集华山之险、峨眉之秀、张家界之奇、九寨沟水之清于一身。云雾缭绕、层峦叠嶂的老林河简直就是一幅酣畅淋漓的中国传统水墨画卷，上天之笔在这里恣意挥洒，拖、抹、转、钩、染、泼、点等技法各

显神通。老林河原始静谧，深山不见人烟，沟壑难觅足迹。这里绝壁雄峙，穿洞岭洞廊浑然天成，山前悬流飞瀑，可谓“数方怪石冲云起，一道山泉接涧流”。名木异草漫山遍野，奇峰秀景满目皆是，有仙人抬轿、一柱擎天、大鹏展翅、铜锣山、打鼓崖等奇峰峭壁。

山内有灵净寺矗立于穿洞岭玉皇顶的山峰绝壁之间，该寺始建于明朝中期，建寺以来香火不断，许多香客慕名而来，热闹非凡。

松烟骑游小镇

行程导航：由玉新高速松烟收费站出高速即是松烟骑游小镇，从小镇往北沿243国道行驶，相继是松烟花谷和二龙茶山。

松烟镇是将健康骑游与茶旅文化结合在一起的特色旅游小镇。距小镇约3km的二龙茶山，是一片依山傍水的茶园。沿着茶山木栈道拾级而上，来到茶山的最高点拉膜会场，放眼四周，满山碧绿，波澜起伏，其规模之大，令人称奇。在这里，游客可以体验采茶、制茶的乐趣，也可享受划船、游泳、钓鱼、骑游的慢生活，尽享桃花源般的乡村悠闲。

松烟镇利用当地资源打造了环湖赛道、茶山赛道、文化骑行赛道、乡村骑行赛道、集镇赛道“五大赛道”。不同的赛道在茶海中此起彼伏，在环湖边蜿蜒盘旋，骑

行其中，既可阅览茶海风光，领略黔北美丽乡村风情，又可尽享青山绿水、蓝天白云和清新空气。这里实乃骑行爱好者休闲骑游、竞技比赛的最佳选择地。

他山——钱开少放歌处

松烟镇东南方向的蒲村有一他山，很小，但很美，他山多奇石，回曲斜抱。明末清初四川巡抚钱邦芑（字开少）因拒张献忠余部孙可望招降，隐于此处7年，并于此削发为僧，法号“大错”，取“他山之石，可以攻错（玉）”之意。来此之人，可见“他山”两字刻于巍峭陡立的石壁上，正楷直书，笔力苍劲。其右转弯处有一摩崖，正楷竖刻“钱开少放歌处”，有款记“永历丁酉春题”6个字。

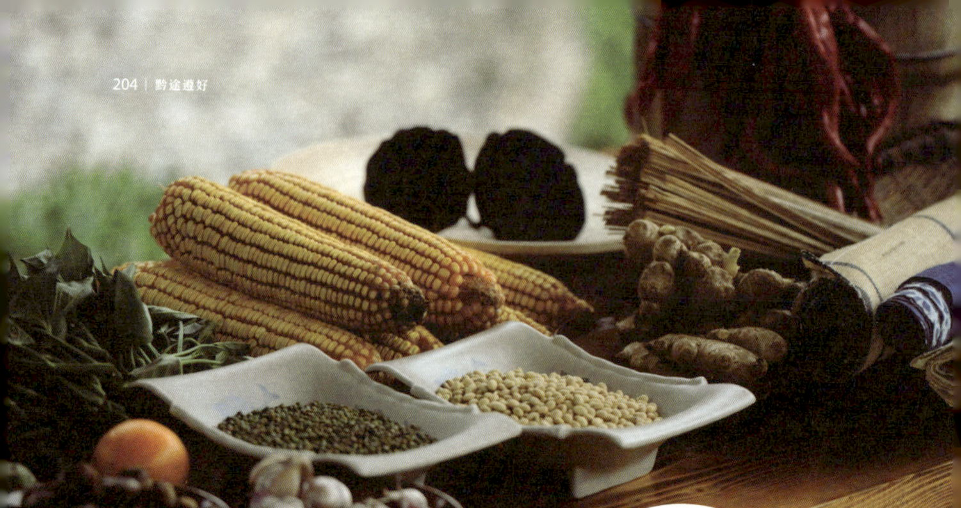

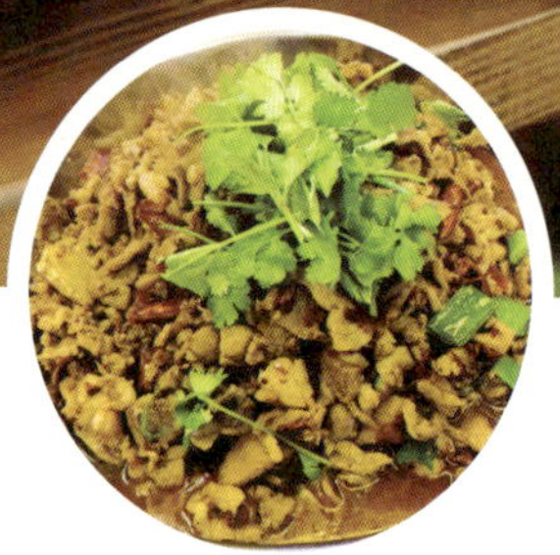

食味 余庆 YUQING

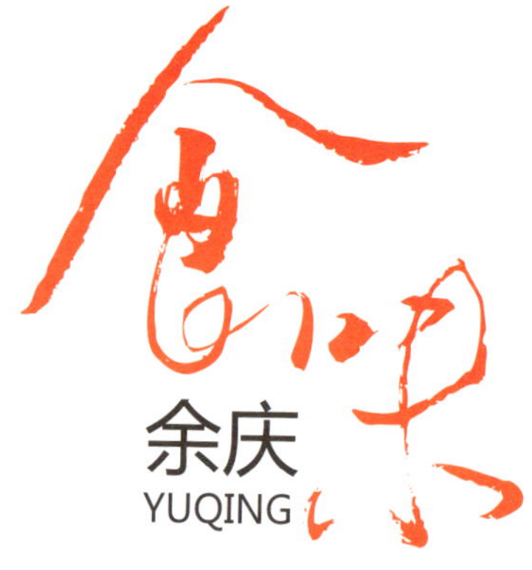

余庆剔骨鸭

余庆剔骨鸭一般选用黔北本地产、当年生麻鸭。宰杀后，由专门剔鸭师傅去骨，将整只鸭最精华的胸、腿、颈等部位，剔成宛如铜钱的小片，加料酒、酱油略为腌制，然后加筒筒辣椒、葱、姜、蒜、五香调料，大火爆炒，再小火焖烧，待到八九分熟时，加新鲜蔬菜略为烹煮，即可上桌。这种剔骨鸭全身无骨，入口香辣化渣，且荤素搭配，不仅口味鲜美，佐酒下饭也相得益彰，好吃又不上火，是老少皆宜的美馔。

余庆血灌粑

余庆人一般是在杀年猪时才做血灌粑，杀年猪那天，先把糯米洗净浸泡好、沥干，然后将新鲜温热的猪血和糯米混在一起，加花椒粉、胡椒粉、盐拌匀。再将猪大肠翻洗干净，塞入搅拌好的糯米灌成节，最后放到一口大锅里蒸熟。血灌粑晾凉后会变硬，人们常拿根绳子将其挂起来，与腊肉香肠一起用柏香枝、松针、柴火熏制。吃的时候，只需重新蒸一下，便软糯如初、回味无穷。

白泥烤全羊

其以本地山羊为原料，以大葱、生姜、精盐、花椒等为佐料，经精心腌制、文火烘烤而成。烤全羊外表金黄油亮，外部肉焦黄发脆，内部肉绵软鲜嫩，羊肉味清香扑鼻，颇为适口，别具一格。

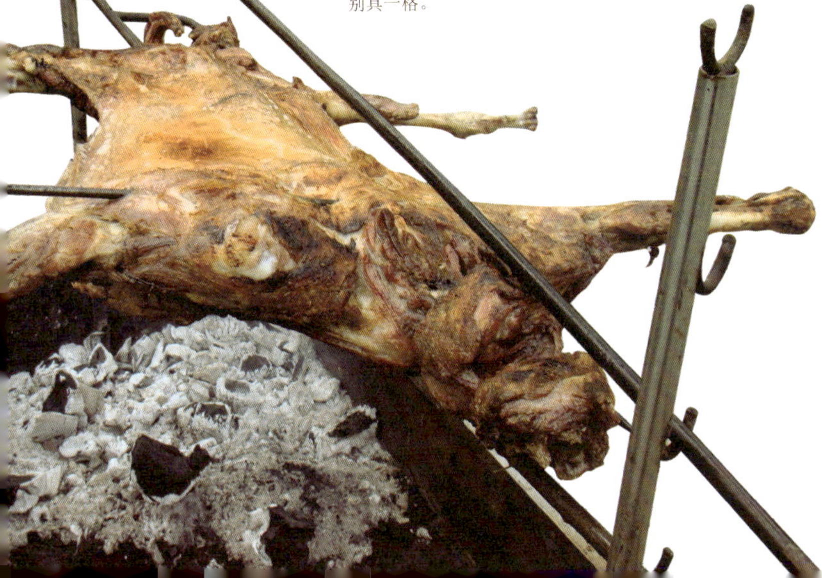

大沙河国家级自然保护区
洛龙镇
至重庆
中国傩城
道真仡佬族苗族自治县
栗园草场
印习高速
安场镇
九道水国家森林公园
庙塘镇
红丝乡
锯齿山
国家级自然
龙潭古寨
九天母石
务川仡佬族苗族自治县
和溪镇
天楼山
十里桐花
石朝天坑群
石朝乡
清溪峡景区
市坪苗族仡佬族乡
桃花源记
双河洞国家地质公园
宽阔水国家级自然保护区
至德江县
枧坝镇
观音岩
双门峡
大路槽乡
红果树景区
螺江九曲湿地公园
绥阳县
蒲场镇
至遵义市区
至湄潭县
主要特点
洞穴奇观
民族民俗文化
黔北历史文化
自然生态

东北线

绥阳县

正安县

道真自治县

务川自治县

绥阳县

绥阳县在遵义市东北部，距遵义市主城区仅约30km。绥阳县北部与正安县、桐梓县接壤，南与汇川区、新蒲新区、湄潭县相邻，东为湄潭县、正安县，西为桐梓县、汇川区。

绥阳人文历史厚重，有“中国诗乡”之誉，勤劳智慧的绥阳人民在这片富饶多情的土地上谱写了人文与自然辉映的千秋华章。

“洞林山水”是绥阳旅游最精练的概括，洞——已探明的亚洲最长的溶洞、国家地质公园双河洞；林——有“中国最美森林”之称的贵州宽阔水原生性亮叶水青冈林；山水——已申报“负氧离子之最”的吉尼斯世界纪录的红果树生态旅游风景区、“人间翡翠”清溪湖、喀斯特峰丛地貌奇观九道门、可饮可浴天然弱碱汇善谷养生温泉、双门峡的瀑布、林深壑幽的观音岩、鸣泉谷的泉……无一不让人流连忘返，心生眷念。

双河洞国家地质公园

行程导航：走绥正高速，在绥阳温泉收费站下高速，沿243国道、007乡道行驶，经公馆桥即可到达。

绥阳双河洞截至2018年3月探测长度约238.48km，该洞是目前亚洲最长的洞穴，也是目前“世界最大的白云岩洞穴”和“世界最大的天青石洞穴”。

双河洞国家地质公园含地下裂缝景区、双河谷景区、双河晶花洞、双河客栈度假村、双河国际探洞大本营等景点项目，是集旅游观光、洞穴探险、温泉度假、户外徒步、科学研究、科普教育等于一体的溶洞旅游区，被中央电视台誉为“喀斯特天然洞穴博物馆”“中国地心之门”。

双河谷景区内拥有丰富的喀斯特景观形态，峡谷、水洞、旱洞、天坑皆包含其中。国内唯一地下河谷、中国天坑第一瀑、地下梯田奇观被称为“双河谷三绝”。

石膏晶花洞洞长约13km，洞内的卷曲石，通体透明，玲珑别致，如琼楼玉宇、雪树银花，游于其中让人仿佛置身于冰雪世界。还有众多柱状石膏单晶聚合成放射状晶花，洞壁上沉积的纤维状、絮状石膏，似雪白轻柔的棉花……石膏晶花洞，被专家誉为世界级奇观，成为双河洞首屈一指的奇景！

双门峡

行程导航：景区位于绥阳县城西北，走324县道即可到达景区东门。

双门峡离绥阳县城仅约12km。峡谷两边分别有一道陡崖天然石门，鬼斧神工，挡住峡谷去路，将峡谷内景致与外界隔开，隐藏起来，双门峡也由此而得名。峡谷虽不长，却集山、水、洞、瀑、崖于一峡，汇奇、险、秀、美、幽于一谷，有上百个景观

景点可供游览。

双门峡在《中国国家地理》杂志联合各地旅游局举办的“寻找中国最美观景拍摄点”活动中，入选贵州最美观景拍摄点。

公馆桥

在去双河洞的路上，有一座单孔石拱桥，桥由白云岩巨石砌成，被誉为“黔北第一古石桥”。石桥建于清朝末年，处于贵州通往四川的古驿道上，当时桥南的绥阳公平街上，建有供来往客商和官员食宿的公馆，故名“公馆桥”。又因该桥由正安、绥阳两县共建共管，故又称“公管桥”。

石拱桥跨径37m，高23m，宽9m，南面石梯47级，北面石梯49级。公馆桥古朴苍劲，雄伟壮观，工艺精湛，坚固实用。其建筑风格独特、造型别致，在古桥建筑史上有重要的学术价值。

红果树

行程导航：从绥正高速绥阳东收费站出高速，沿243国道行驶约9km，右转进入乡村公路，行驶约2.3km即可到达景区。

红果树景区位于绥阳县大路槽乡，因景区内有国家一级保护植物红豆杉（当地又称红果树）而得名。景区内的天缘洞负氧离子含量非常高，洞内十分宽敞，冬暖夏凉，如一个天然大空调，这里可容纳上千人，各种大型特色活动经常在此举办。

景区内龙潭瀑布高约36m，瀑布注入深潭，水碧绿如玉，溢出溪堤，翻落在沟谷石缝间，往下积成一个长约400m、最宽处约40m的大潭，躺在群山怀抱中，像极了项链上的吊坠。这里是划船的好地方，划动桨，平静的潭水泛起涟漪，一圈一圈的，向不远处的岩壁奔去，充满了诗意。潭的另一侧是一个天生桥，有通往大路槽乡的公路，可谓真正的“桥”。

清溪峡

行程导航：从绥正高速旺草收费站下高速，经243国道进入303省道，然后到达青杠塘镇，再从352国道往北行驶，即可到达景区。

位于绥阳县青杠塘镇境内的清溪峡景区，包括峡谷漂流、百里山水画廊、九道门、五峰岭等精品景点。走进清溪峡码头，初见清溪峡湖水绿如翡翠，一碧万顷，随船前行，眼前的风景愈加壮阔，两岸奇石峰峦叠嶂，千变万化，远处的山峰，云雾缭绕如仙境一般。

清溪峡两岸多飞瀑流泉，倘若是暴雨过后，岸边的悬崖上能见到千流齐发的场景，雄奇无比。悬崖峭壁上千姿百态的钟乳石，便是由这样的流泉用若干万年的时间磨砺出来的。水瀑垂帘，如同琴弦，在蓝天白云的映衬之下，听这美妙的琴音、品这美丽的山水丹青画卷，岂不快哉！

宽阔水国家级自然保护区

“宽阔水山，去响水洞三十里，其山最高，居民茅屋终年住云雾中。”这是清道光年间《遵义府志》最早对宽阔水的历史记载。

宽阔水国家级自然保护区是全球黑叶猴第二大分布区，属国际重要鸟区、中国濒危雉类研究基地，入选“中国100个观鸟拍鸟地”。

保护区主峰太阳山是宽阔水林区的最高点。站在山顶，可俯瞰林区全貌，远处崇山峻岭，绵延起伏，近处古木参天，苍翠欲滴。太阳山周围分布广泛的

行程导航：从绥正高速旺草收费站下高速，经243国道进入303省道，往青杠塘镇方向行驶约14km到分水岭隧道，不进隧道，在隧道口右转往山上行驶到山坳口，在山坳口左转即可进入宽阔水国家级自然保护区。

原生性亮叶水青冈林，是我国保存最完好、最具代表性的原生性亮叶水青冈林，荣获“中国最美森林”称号。

月亮湖离太阳山不远，在海拔约1400m的山上，被茂盛的森林环抱着。春天的月亮湖一片生机，树枝抽出新芽，山花竞相开放，水下鱼儿成群，空中鸟儿欢乐歌唱。秋天的月亮湖，平静得如一面镜子，映着湛蓝的天、金黄的树、火红的树、苍翠的树，风吹过湖面，泛起层层鳞浪，将这蓝的、金黄的、火红的、翠绿的色糅合在一起，像画家的油画刀调出的多彩肌理。

观音岩

“走，周末到绥阳的观音岩耍水去！”在重庆户外驴友圈里有着“露营者天堂”美誉的观音岩，有幽静的峡谷、清澈的流水、茂盛的植被和夏季18～28℃的凉爽温度，自然是戏水避暑的好去处。

这里说的观音岩的水，是芙蓉江上游的一条小溪，溪口沿峡谷延伸入大山深处，最精彩的部分有10余里，称为十里峡谷。峡谷两侧山崖林立，形状各异，层峦叠嶂，溪水清澈。

行程导航：从绥阳县城走324县道前往枧坝镇，观音岩景区在324县道右侧。

螺江九曲湿地公园

喜爱艺术的人，千万不要错过公园内的祝焘美术馆，馆内陈列着中国知名画家祝焘先生90余件共1060平方尺的美术精品。

螺江九曲湿地公园是一个十分适合家庭亲子游的好地方。蜿蜒曲折的螺江水与大大小小的湖塘、大片的草地、各色各样的花林，组成了黔北最大的湿地公园。木桥、石桥、拱桥、廊桥等造型各异的桥将河水与湖塘串联起来，适合悠闲慢行的木栈道、快乐骑行的自行车道跨过溪流、穿过花林，一路清风拂面，一路鸟语花香。开放式的公园内散布着大大小小的黔北民居村落，其中有不少经营着农家乐，饿了困了，不妨选择一处，尝尝农家菜，小睡一会儿。

行程导航：从遵绥高速绥阳收费站出高速，右转即可到达公园入口。

张喜山祠

天台山森林公园内的张喜山祠是穿斗式全石材仿木结构建筑。这栋建于清道光二十五年（1845年）的石房子，以整石原料凿成，有石刻文字、精美图案，对研究贵州石结构房屋和石刻艺术有着十分重要的价值。

绥阳 SUIYANG

蒲老场酱爆肉

但凡某个菜名前冠有地名，就说明这道菜一定是有些特色的。酱爆肉在中餐里就是一道普通、简单的菜，但越是把简单的菜做出名来，那越不简单。蒲老场酱爆肉，便是这样一道既简单又不简单的名菜。蒲老场酱爆肉肥瘦相间，肉片略微蜷曲、收缩，呈灯盏窝状，吃起来既有肉香，又酱香浓郁，还不至于太过油腻。

牛肉鲊

除了酱爆肉，蒲老场牛肉鲊（zhǎ）也很有特色。鲊本指腌鱼，现在一般指肉类腌制后与米粉混合放在坛子里发酵过的食物，比如牛肉鲊、排骨鲊、肥肠鲊……鲊与粉蒸肉外形和做法有些相似，但味道却完全不同，在贵州通常是黔北农村才会做这一道菜。

蒲老场牛肉鲊以老街上黄家与唐家的最为知名，经过蒲老场，千万不要错过。

稻香排骨

绥阳县温泉镇，用温泉水、温泉猪肉做出来的稻香排骨独具特色，香脆可口，食之不上火。看一眼稻香排骨，你会深切感受丰年的意味；咬一口稻香排骨，满嘴含香，沁人心脾；啃完排骨，你就会有一种想留在温泉镇的冲动，不信你可以试试哦！

坪乐裹卷

裹卷类似丝娃娃，是绥阳县坪乐镇特色风味小吃之一，裹卷由10多种绿色生态食品及多种配料搅拌成馅，用手工自制米皮包裹而成，皮软馅美，入口不冷不烫，炎炎夏日，是当地人选择刺激味觉的首选小吃，若再配上一碗店家自制的红枣银耳汤，堪称美味一绝。

正安县

正安县位于遵义市东北部，北部与道真仡佬族苗族自治县、重庆市南川区接壤，南与绥阳县、湄潭县相邻，东为务川仡佬族苗族自治县、凤冈县，西为桐梓县、绥阳县。

正安是东汉儒学大师、教育家、贵州文化教育鼻祖尹珍先生故里，巴蜀文化、荆楚文化与黔北古文化在这里渗透交融，使这里积淀了丰厚的文化底蕴。正安吉他文化氛围浓厚，这里制造的吉他远销海外，有“中国吉他制造之乡”的美誉。

正安属典型的喀斯特地貌，山势藏奇掩雄，旅游资源富有特色，有百里桐花、千顷茶园、万亩草场、天楼云海等丰富的自然景观。九道水国家级森林公园有“天然氧吧”之称，是休闲避暑的首选之地；桃花源记4A级景区，集幽深神秘的自然之美和“人间仙境”的人文之美于一体，是疗心养肺的绝佳去处。尹珍墓、务本堂等古迹彰显出正安文化的厚重。

林尽水源，便得一山，山有小口，仿佛若有光。便舍船，从口入。初极狭，才通人。复行数十步，豁然开朗。土地平旷，屋舍俨然，有良田、美池、桑竹之属。阡陌交通，鸡犬相闻。

桃花源记

正安县市桦苗族仡佬族乡的大阡村不通公路时，村民进出都要穿过一个比较隐蔽的山洞，如《桃花源记》里描述的一样。于是正安县政府将旅游开发和旅游扶贫相结合，以《桃花源记》为意境，打造出集生态观光、文化体验、休闲度假、养生祈福等功能于一体的旅游胜地。

桃花湖滨水观光区和大阡民俗村寨是桃花源记景区两个重点游览区域。春天的桃花湖，湖岸开满山桃花，倒映在湖中，成了梦幻的粉红世界。在桃花湖北岸，有一小路，拾级而上，可进入桃花洞，这便是以往村民进出必经的山洞。桃花洞里，溪水几乎铺满洞穴，中

行程导航：桃花源记景区位于正安县市坪苗族仡佬族乡，与绥阳、凤冈两县接壤，由银百高速西河收费站出高速，沿360县道行驶至谢坝仡佬族苗族乡，再沿255乡道行驶即可到达景区。

间是一个个供人行走的石墩，洞内布满造型各异的钟乳石。出得洞来，右侧是桃花潭，“S”形的木栈道在水面蜿蜒伸向田垄。几块稻田刚犁过，淹上水，正为春播作准备。田边有一魏晋风格的七层白塔，在青翠的树林前显得十分醒目，散发着迷人的人文气息。穿过田垄，是用竹篱分隔着的一块块菜园。远一些的树林里，掩映着好几栋木房，那便是大阡民俗村寨。进入其中，木屋错落有致地分布着，古香古色，与环境融为一体，户与户之间，石板路阡陌相连。大小石块修筑的院墙上长满了青苔，路边绿草如茵，院里繁花似锦。大阡村还是一个拥有多位百岁老人的长寿村，也是传播孝道文化的地方，二十四孝雕塑与黄香文化园散发着中华传统孝道文化的光辉。

大阡民宿 / 桃源栖居

大阡民俗村寨是一个民宿村，木屋打造的民宿，每栋只有1～3套房，每套房面积100m²左右，装修雅致，干净整洁。抛开城市里的琐事，关掉手机，拒绝尘世纷扰，在这依山傍水的古寨里，与家人过上几天或者更久的世外桃源生活，好不惬意！

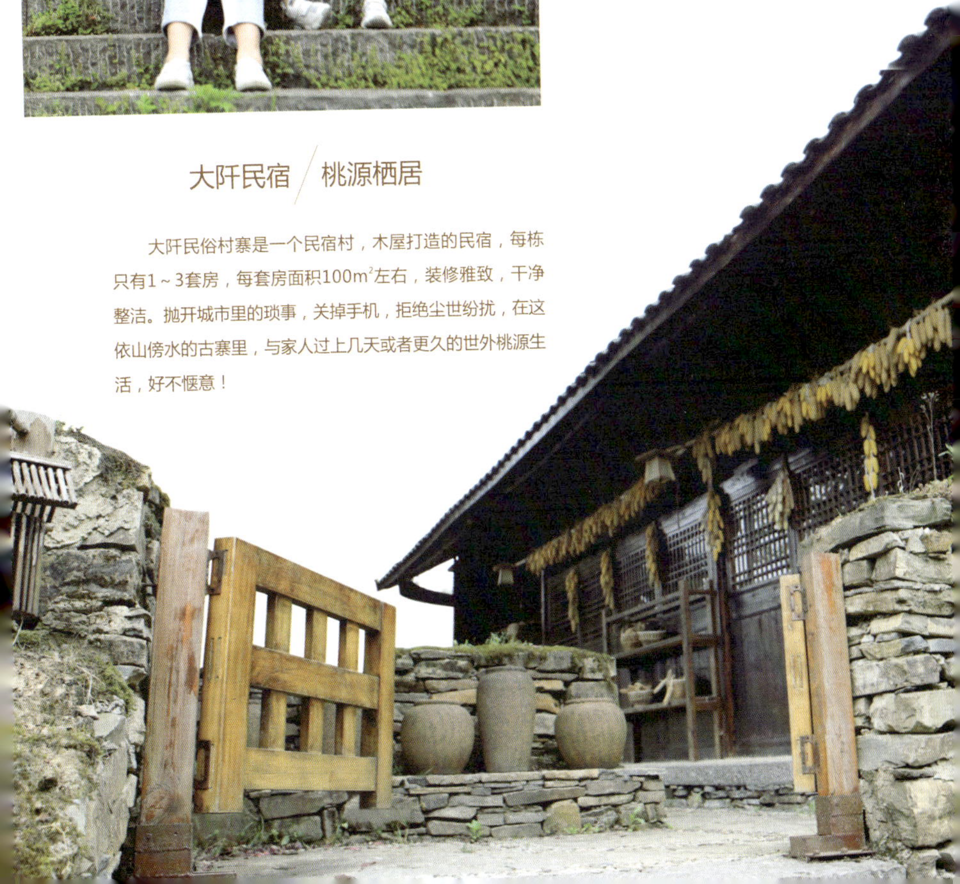

尹道真务本堂

行程导航： 尹道真务本堂位于正安县新州镇，从印习高速杨兴收费站出高速，沿326县道可到新州镇。

务本堂之名源于《论语·学而》："君子务本，本立而道生。孝弟也者，其为仁之本与！"历史资料记载，东汉时期，尹珍在正安县毋敛坝"手建草堂三楹"，其矢志育人，并于西南各地布道讲学，一洗牂牁之陋，"凡属牂牁旧县，无地不称先师"。明万历四十年（1612年），遵义知府孙敏政为纪念先贤尹珍重建，清代又多次修葺，光绪年间再建。清咸丰十年（1860年），正安知州于钟岳撰《尹先生务本堂碑》，全文2000余字，刻石于务本堂内。

正安尹道真务本堂由大门、倒座、两厢、正堂等组成，四周以砖墙围护。石门石柱上刻有“学者必由是，庶乎其不差（一说为逝者如斯乎，下联已毁）”对联，正堂供有石刻“汉儒尹公道真先生之神位”。

2019年10月，正安尹道真务本堂被中华人民共和国国务院公布为第八批全国重点文物保护单位。

尹珍，字道真，东汉牂牁郡毋敛（即今正安）人，儒学家、教育家、书法家，曾师从许慎、应奉等，学成后返乡教学，传播中原文化，开南疆文教之先河，泽被故土，底蕴深厚。正安因尹珍而名扬于世，人因地传，地因人传，1000多年来，新州务本堂遗址见证着尹珍文化，流风遗韵，沾溉深远，承前启后，人文蔚起，成为正安鲜明的地域文化品牌。

九道水国家森林公园

正安人说：九道水，九道美！从森林深处流出的九道山泉，叮叮咚咚相约，汇集成九道水水库，与苍苍翠林、莽莽群山、粼粼波光构成了和谐的自然山水风景。

春天的九道水，花大如碗的木兰和争奇斗艳的山樱花、杜鹃花、山茶花姹紫嫣红，烂漫一片，蜜蜂在花丛中飞舞，忙着采蜜，花香从每一朵花花蕊里散发出来，弥散了整个森林。人们常说，九道水的春天，是香的。

盛夏的九道水，湖水蜿蜒隐秘，沿着森林与湖面相接的林荫小道缓步慢行，水如翡翠，阳光照在树叶上，碧绿的树叶多了一丝通透。才闻空山鸟语，又听林涛隐隐。

秋天的九道水，红似火的火棘，黄如金的水青冈林，一簇簇的，与常绿阔叶林一起，织成了五颜六色的锦缎。山野间，野果累累，俏皮的松鼠在枝上跳来跳去，收集着过冬的粮食。果实的味道，醉了九道水。

冬天的九道水，漫山遍野的白雪，银装素裹，山舞银蛇，雪压青松，分外妖娆，一派北国风光的壮丽景观。在大河顶、城墙岩、老农场、杜鹃林一带，“千枝万树银花开，水洞悬檐银柱吊”的雾凇景观，让人惊叹。

九道水，四季美！

行程导航：九道水国家森林公园位于正安县桴焉乡303省道旁，从银百高速安场收费站出高速，走207、303省道可到达景区。

天楼山 / 十里桐花

天楼山，位于正安县东南侧，海拔约1725m，山体巍峨雄壮，峻岭逶迤，沟壑如画，直耸云霄。主峰名叫赤岩，是海拔几百米的悬崖绝壁。崖陡似削，如屏似画，高挂云天。《正安州志》记载“削壁百仞，丹朱怒彩，赤霞亘空，夕阳西映，不异赤城”，故有“赤岩面壁”之称。

天楼山西面是悬崖峭壁，山顶往东延伸都是几近平坦的坡地，软软的、厚厚的绿色原始草甸上长满了

黄、紫、粉红等不知名的野花，这里是天楼山人放牧的地方。

天楼山脚下，碧绿的芙蓉江水蜿蜒流淌。芙蓉江两岸，种植有数万棵油桐树，其中不乏树龄上百年的古桐，枝干虬曲苍劲，巍峨挺拔，树冠相叠，枝叶交错。每年清明节前后，桐花盛开，漫山遍野，花团锦簇，十分壮观，令前来赏花的游人流连忘返。诗人王农写道："桐花百里作雪飞，千山万树吐翠微。最是山外赏花客，愿留桐乡老不回。"

行程导航：走207省道，正安县和溪镇至芙蓉江镇的芙蓉江两岸，20余千米的山岭都是欣赏桐花的好地方。和溪镇一侧，桐花与天楼山的雄姿交相呼应，近景与远景构成一幅美丽的图画。芙蓉江镇位于天楼山脚，山峦叠韵，桐花开在溪谷，又是一种幽深别致。

食味 正安 ZHENG 'AN

麻你麻得嘴皮抖
鲜香麻辣味長久
神仙路過不想走

安場椒麻鷄 宸亭寫

安场椒麻鸡

安场的椒麻鸡很有特色，鸡的处理方法与其他地方的白切鸡有些相似。椒麻鸡味道的重点在一个“麻”字上，六月的鲜花椒，采摘下来，晾晒干燥，然后磨成花椒面，再加上上好的酱油、醋等调成椒麻味汁，浇于切片的鸡肉上，一碗清香扑鼻、色香味俱全的椒麻鸡就做成了。

口感鲜美的鸡肉入口微麻，不能吃麻的人食之可能会麻得嘴唇微微打战，但奈何鸡肉鲜香扑鼻，令人欲罢不能。食用时，可以佐以小酒，当下酒菜，或者配一碗白米饭，当下饭菜。

正安蒸米皮

正安蒸米皮现蒸现吃，十分卫生。制作方法是将米浆倒在“绷子”上，从内向外循环滚动，直到一层均匀的白浆全部附在“绷子”上，然后将其放在锅内蒸几分钟，第一张蒸好，接着蒸第二张，既节约能源，速度又快。一张蒸一碗。佐料也很丰富，除了油辣椒、葱花、蒜末、折耳根，还有金黄酥脆的炸黄豆、肥厚脆辣又柔嫩的榨菜，如果想吃荤的，就加一些臊子。

观音豆腐

树叶也可以做豆腐？太奇妙了吧！一种叫作斑鸠树的叶子，可以做豆腐，营养价值高，在已知植物中其粗蛋白含量名列前茅。其含有膳食纤维、叶绿素、多种维生素和微量元素，以及人体所需的氨基酸，其中以赖氨酸、天冬氨酸、谷氨酸、甘氨酸、丝氨酸、苏氨酸含量为最高，是补充人体所需氨基酸的最佳食物源，是不可多得的保健营养佳品，被誉为“森林蔬菜”。

道真自治县

道真仡佬族苗族自治县，简称道真自治县，位于遵义市东北部，北部与重庆市武隆区接壤，南与正安县相邻，东为务川仡佬族苗族自治县、重庆市武隆区、彭水苗族土家族自治县，西为正安县、重庆市南川区。

道真自治县秦属巴国，汉隶巴郡，隋归信阳，唐、宋、元为真州，明置真安州。1941年置县，因纪念汉儒尹珍（字道真）而命名。1987年撤县，设仡佬族苗族自治县，是全国两个仡佬族苗族自治县之一。境内“尊先贤、励后学”蔚然成风，民族民间文化底蕴深厚、古朴神秘。仡佬族傩戏、三幺台、高台舞狮、打篾鸡蛋、哭嫁歌分别被列为国家级、省级非物质文化遗产。

道真自治县风光秀美，生态优良，森林覆盖率60%左右，有“银杉之乡”之称。良好的自然生态和典型的喀斯特地貌，装点成秀美的自然风光，使其成为“中国最佳生态环境宜居县”。道真自治县西北大磏镇的中国傩城，是书写傩戏、傩祭、傩舞等傩文化的地方。境内有大沙河国家级自然保护区、玉龙谷湿地公园、仡山茶海、芙蓉江文化长廊等景区景点，是休闲避暑旅游最佳目的地。

中国傩城

行程导航：遵义方向的游客在银百高速道真北收费站驶出高速，沿207省道行驶，经大磏镇到达景区；重庆方向的游客在银百高速傩城收费站驶出高速，沿243国道行驶，经大磏镇到达景区。

位于道真自治县大磏镇的中国傩城，是以傩文化为主题的景区。国家级非物质文化遗产——傩戏，被称为“人类文明的活化石”，是远古时代图腾崇拜时期的一种祭祀仪式。傩戏、傩祭、傩舞承载着仡佬族人祈福纳祥、祛病消灾的美好愿景。

在中国傩城，你可以领略到大沙河国家级自然保护区的美丽风光，可以与美丽的仡佬族少女和帅气的

仡佬族小伙载歌载舞，可以看到神秘的傩戏表演和祈福仪式，祈求幸福与健康，还可以体验国家级非遗文化“三幺台”，在仡佬族特有的酒席文化里大饱口福。

大沙河国家级自然保护区

行程导航：大沙河自然保护区位于道真自治县北部，仙女洞管理站位于大 镇三元村，前峰管理站位于三桥镇接龙村，磨盘石管理站位于洛龙镇大塘村，各站均通公路。

2018年6月，道真自治县北部的大沙河自然保护区升级为国家级自然保护区，这是贵州第11个国家级自然保护区。大沙河国家级自然保护区内分布着国家重点保护野生植物（一级）银杉、银杏、南方红豆杉、珙桐等和国家重点保护动物（一级）黑叶猴、云豹、林麝、豹等。被称为“活化石”的银杉，是保护区最重要的保护植物之一。

大沙河国家级自然保护区内旅游景点十分丰富，自然景观、人文古迹繁多，高山与溪流映衬，云遮雾罩与山石林瀑融为一体。大沙河国家级自然保护区与重庆白马山自然保护区交界处的界碑“黔蜀门屏”，为清代所立，至今已有百余载。

边城洛龙

行程导航：从道真县城出发，沿336县道行驶，途经忠信镇到达洛龙古镇；重庆方向的客人从武隆区往黄莺乡方向，经大塘村到洛龙古镇。

古街古巷，古庙古寨，古朴的民居建筑和古老的民族文化……向人们展示着洛龙镇的历史风貌和文化内涵。古真安州与川渝商贾在经贸往来中“歇马歇脚”的洛龙镇，如今成为黔北通联巴蜀的“桥头堡”。

洛龙镇的古寨由12个大大小小的“四合院”组成，中心的古戏楼是洛龙古镇重要的文化标识，戏楼上的戏台、烟馆和茶楼仍保存完好，世代相传的洛龙花灯秀时常在这里表演。古寨旁，奔泻而出的冷水河绕寨而过。

传统的吊脚楼依河而建，连绵起伏，错落有致。夜阑卧听流水声，仿佛置身于梦里水乡。

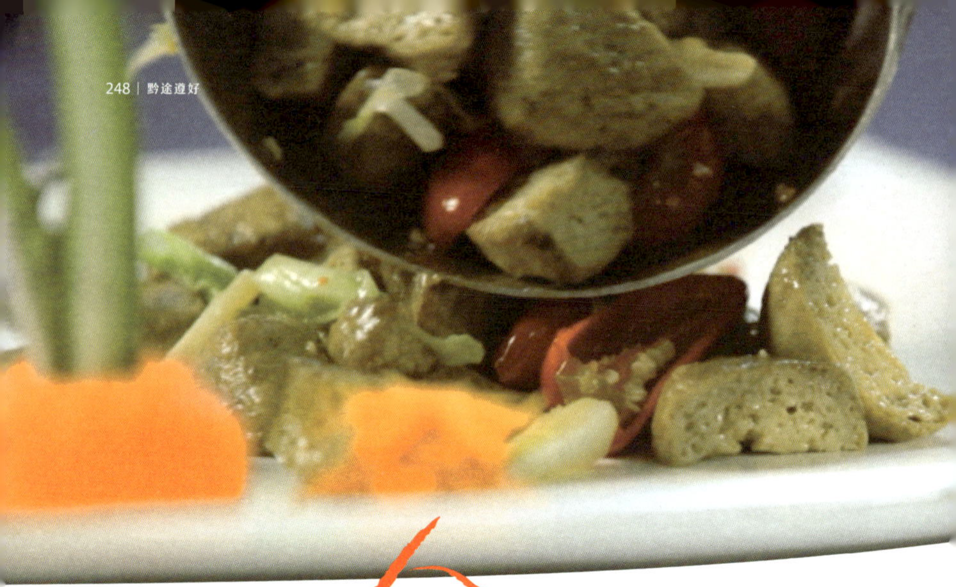

道真食味

DAOZHEN

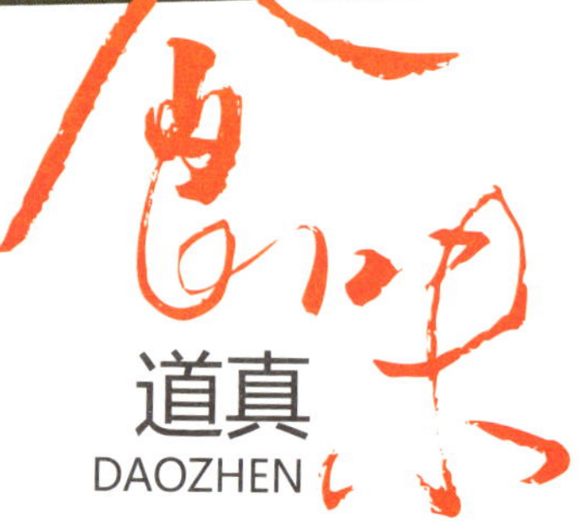

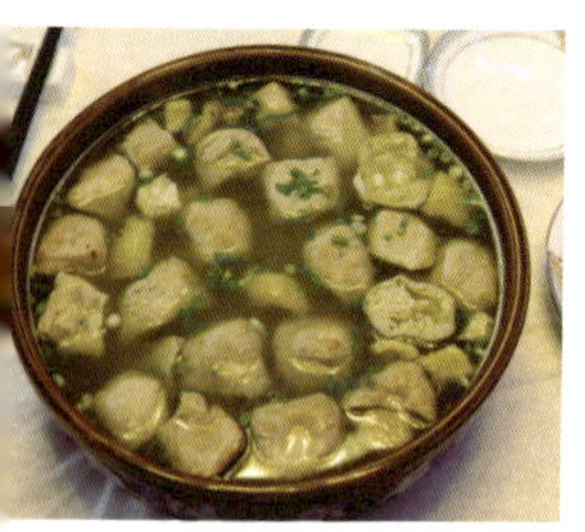

灰豆腐果

将新鲜豆腐块放在草木灰中经精细加工而成的灰豆腐果，本身无特别的鲜味，只有淡淡的豆腐味和碱味，但它能充分吸附与其一起加工的主要食材的味道。灰豆腐果外皮有几分韧性，内瓤有冻豆腐般的蜂窝结构，与其他食材搭配时，众多的气孔便成为各种美味的“储藏室”，一口咬下去，先是汁液横流，然后是余味留芳，绵软而有几分筋道的灰豆腐果融合了其他食材和佐料的味道，让人在咀嚼中感慨烹饪的神奇。

道真党参鸡

道真党参鸡是黔北的一道名菜，也是被载入《中国名菜大典》的菜肴。

出产于道真洛龙镇一带的党参被称为“洛党参”，其根茎粗大、肉质肥厚，味甘、平，具有补中益气之效，被专家誉为“党参中之上品”。将土鸡搭配洛党参清炖或清蒸，更能发挥洛党参补中益气的功效，道真党参鸡也因此而出名。

黄金鲊海椒

遵义的鲊海椒一般是大米做的，但道真的鲊海椒却是玉米做的，因色泽金黄，鲜香诱人，故有“黄金鲊海椒”之称。将红辣椒剁成糟辣椒，上等玉米用石磨磨成玉米面，再将糟辣椒、玉米面按比例搅拌，放入陶瓷罐封好，倒置于盛有清水的钵内，7～10天即可食用。把鲊海椒用来作“扣肉”的底料，蒸“扣肉”的鲊海椒汲取了扣肉的精华，比“扣肉”更好吃。

务川自治县

务川仡佬族苗族自治县，简称务川自治县，位于遵义市东北部，北与铜仁市沿河土家族自治县、重庆市彭水苗族土家族自治县接壤，南与正安县、凤冈县相邻，东为铜仁市沿河土家族自治县、德江县，西为道真仡佬族苗族自治县、正安县，是全国两个以仡佬族、苗族为主体民族的自治县之一。

务川历史悠久，文化灿烂，素有“仡佬之源、丹砂古县”的美誉。仡佬之源景区主要由仡佬山寨、百合台、天主坳、九天母石等人文自然景点组成，是体验古朴、神秘仡佬文化的重要景点。中国历史文化名村龙潭村是全国仡佬族文化保存较好的仡佬族村寨，有世界现存最古老的丹砂冶炼技术。崇山峻岭中奔流的洪渡河，峡谷风光旖旎，两岸峭壁耸立，峡谷幽深，青山滴翠，这片水土养育了全国近1/3的仡佬族人口。平均海拔约1360m的栗园草场，牧草丰茂，生机盎然，草场上裸露出的大片岩石，奇石如林。

行程导航：九天母石景区在务川县城东北角，距务川县城仅约6km，在县城北部有九天大道直达景区大门。

九天母石

在务川县城北的洪渡河畔，有几块巨大的岩石直探洪渡河，仿佛锋利的大刀直插水底，又似一条庞大的鲸在水面上裸露出背鳍，悠然自得地滑行，这便是“九天母石”。

相传九重天主就诞生于九天母石，后来九重天主派他的大儿子潜祖下界，到他出生的地方繁衍生息，并将其封为蛮王（也称濮王），蛮王即仡佬人的祖先。

除了九天母石，旁边还有仡佬山寨、百合台、天主坳等人文自然景观。

祭天朝祖

每年清明的“祭天朝祖”大典是仡佬人最重要的日子。这一天，各地的仡佬族同胞齐聚这里，吹起长长的牛角，跳起欢快的舞蹈，以最虔诚的心灵向仡佬族祖先致敬，感恩上苍的恩赐，缅怀祖先的功绩。仡佬人相信：根在，树的生命就在，而这里，就是他们的根。

龙潭古寨

龙潭古寨（原名火炭垭）是中国历史文化名村，被列为全省20个民族文化重点保护建设村之一。古寨距九天母石很近，是全国仡佬族文化保存较好的村寨，建寨已有700多年。

古寨由前寨、中寨、后寨3个自然村寨组成，居住着200余户仡佬族人。

寨内石板铺路，石巷相连，幽深古朴，民风精彩。寨内民居大多为传统木结构，以三合头、石院墙、石寨墙、大朝门、小朝门、镂空雕刻、瓦堆屋脊为主要建筑特色。院落由石院墙、院门、房屋建筑构成，布局合理、紧凑。门窗饰以龙、凤、麒麟、桃、石榴、花草、万字格等吉祥图案，构图精美，想象奇特，雕工细腻。仡佬族人善炼丹砂，据

明嘉靖《思南府志》记载，在明代，务川朱砂的开采极具规模，民以采砂为业，商贾辐辏，而仡佬族，也就成了世界上最早发现和开采丹砂的民族。

龙潭村民族民俗文化多姿多彩，主要有“神秘古朴、祈福纳祥”的傩戏、“黔北民间杂技奇葩”的高台舞狮、“古音流韵、演奏独特”的吹打、“抛出欢乐、迎接祝福”的打篾鸡蛋、“接风洗尘、四方团圆、八方醉酒”的三幺台饮食文化、“礼数周全、古规古距”的仡佬族婚嫁习俗等。

行程导航：龙潭古寨离九天母石景区不远，在九天母石景区大门前右转，沿346县道行驶可到达古寨。

吃新节

吃新节是仡佬族最古老、最传统、最隆重的节日。每逢农历七八月间，新谷成熟，各地仡佬族都要采摘新庄稼祭献祖宗，由此形成了具有特色的民族传统节日——吃新节，又叫“尝新节”“献新节”。在这一天，人们从田里采摘少许新谷煮饭，先祭祖，后自食，其意义是纪念开荒辟草的祖先和庆祝丰收，表达欢喜之情。

栗园草场

无须纠结旅途的目的地，栗园草场全程都是风景，来这里的最佳游览方式是自驾游，一路上随时都会冒出让你眼前一亮的风景。

平均海拔约1360m的栗园草场，春天牧草丰茂，野花遍野；夏天全国大部分地区酷热难耐，但草场上依然凉风习习，生态宜人；秋天天高气爽，蓝天白云下牛羊成群；冬天

行程导航：遵义方向游客由务川县城向北走350县道、344县道经泥高乡到栗园草场，返回时走砚山镇，沿350县道南行到务川县城；重庆方向游客从武隆区江口镇经浞水镇到栗园草场，返回时走砚山镇，沿350县道往北到重庆。

银装素裹，起伏的坡地上积满雪花，犹如银色的海洋。草场北端还耸立着一片壮观的喀斯特石林，造型奇趣多样。

自驾游去时建议走泥高乡，回程时走砚山镇，砚山镇平均海拔仅约900m，草场到砚山镇有几百米的落差，悬崖绝壁上的公路蜿蜒盘旋而下，左侧绝壁压顶，右侧是万丈深渊，驾车行驶在路上，纵使窗外风景如画，心里却满是紧张与刺激。

锯齿山（麻阳河）国家级自然保护区

锯齿山（麻阳河）国家级自然保护区内有国家重点保护野生动物（一级）黑叶猴700多只，是全球黑叶猴分布最密集、数量最多的地区。区内还有国家重点保护野生动物（一级）豹、林麝等，国家重点保护野生植物（一级）南方红豆杉等。该区地质结构也非常独特，山峦起伏，沟壑纵横，飞瀑流泉，溶洞交错，有白马下凡、仙人抬轿、七孔泉、月亮石、飞瀑潭等20多个主要景点。

行程导航：锯齿山（麻阳河）国家级自然保护区位于务川县红丝乡，从县城出发，沿346县道、263乡道行驶，经大坪镇到红丝乡。

石朝天坑群

行程导航：从德习高速务川南收费站出高速后左转，沿352国道行驶至淀塘沟，右转沿乡道行驶可到达石朝乡。

务川县石朝乡集镇北约700m处，有3个相邻且深约100m的天坑，形成了规模壮观的天坑群。从山顶向下俯瞰，3个天坑一脉相连，紧密相依，浑然一体，显得不可分割，但3个天坑又形态各异，个性独具。

一号天坑有一高约20m、宽约30m的洞口，洞内十分宽敞，有两个大厅，宽阔达上百米，气势恢宏，天坪有5个大型天窗。二号天坑和三号天坑之间有一大型天门，门顶端仅有一道薄薄的石梁，底部有若干地穴，成为洞内之天窗。阴雨天时，天坑群雾气弥漫，或聚成团块，或呈带状，在洞厅上空游动，缈缈绰绰，别有一番风韵。

在石朝乡境内，还有高峰石城堡、红叶峡谷、大漆古银杏等景点可游玩。

务川
WUCHUAN

三幺台

三幺台并不是一道美食，而是仡佬族人每逢嫁娶、寿庆、建房、节日等接待贵宾时的一种食俗礼仪。来一次三幺台，走一趟完整的茶席、酒席、饭席，基本上就将务川的美味美食“一网打尽”了。

茶席，又叫“粗茶洗礼”，主食是油茶，还有长方块的麻饼，印有花、鱼、蝙蝠等吉祥图案的酥食，粘有红米帽子的花腰粑、坚果等糕点。这里的油茶与一般油茶不同，是把茶叶、大米、花生、芝麻炒成焦黄色后，和着猪油煮，再加入油渣、盐制作而成的。喝油茶解饥渴，还可以提神。大家可以一边喝茶，一边吃糕点，一边天南海北地聊天。之后心灵手巧的女主人会上第二幺台——酒席。

酒席，又叫“九酒迎宾”，女主人把九盘（碟）下酒菜端上桌子，一般是卤菜和凉菜，如香肠、瘦腊肉、卤猪杂、卤鸡爪、干野兔肉、咸蛋、萝卜丝、皮蛋、牛肉干等。酒是自家酿的苞谷酒，清香醇和。在席间，凡是端杯者，一定得喝三杯：第一杯是敬客酒，主人说一些欢迎和谦卑的话；第二杯为祝福酒，由客人代表祝福；第三杯为孝敬酒，由晚辈向长辈祝福。一个小时之后，二幺台方撤去，开始进入正席。

正席，叫“僚饭待客”，意思是大家一年难得相聚，借此机会团团圆圆、和和美美。第三台上的就是大菜了，如猪蹄膀、樱桃肉、回锅肉、夹沙肉、糯米丸子、糖醋鱼、灰豆腐、豆花等。这一席酒菜要具备9碗、4盘，最多的是16碗、4盘。要是大喜之宴，必须是按9碗、2盘安排，喻义“四喜临门，夫妻长久”。

仡佬族的“三幺台”这一待客习俗，凸显了仡佬人独特的礼仪文化、茶文化、酒文化和饮食文化，表现了仡佬人真诚厚道和注重礼仪的优良品质，2014年，仡佬族三幺台习俗入选国家级非物质文化遗产。

除了“三幺台”，仡佬族的糍粑也很有滋味。糍粑是仡佬族人纪念重阳节的必备品，在石槽里打糍粑更是仡佬族人特有的方式。制作方法是把上好的糯米用温水泡上三四个小时，沥干水放进蒸饭的木甑子里，盖上篾编的甑盖，蒸熟后放到石槽里用木槌捣成泥状，出槽捏成圆形放在铺有豆面的簸箕里。再将炒熟的黄豆磨成细粉，加白糖和少许食盐做成调料。糍粑蘸上调料，入口又糯又香，非常可口。

图书在版编目（CIP）数据

黔途遵好 / 本书编委会编著. —北京：中国财富出版社有限公司，2021.10
ISBN 978-7-5047-7544-3

Ⅰ. ①黔… Ⅱ. ①本… Ⅲ. ①遵义—概况 Ⅳ. ①K927.33

中国版本图书馆CIP数据核字(2021)第200337号

策划编辑	谷秀莉	**责任编辑**	邢有涛　郭怡君	**版权编辑**	李　洋
责任印制	尚立业	**责任校对**	孙丽丽	**责任发行**	杨　江

出版发行	中国财富出版社有限公司		
社　　址	北京市丰台区南四环西路188号5区20楼　**邮政编码**　100070		
电　　话	010-52227588转2098（发行部）　010-52227588转321（总编室） 010-52227566（24小时读者服务）　010-52227588转305（质检部）		
网　　址	http://www.cfpress.com.cn	**排　　版**	遵义市博睿天成营销策划有限公司
经　　销	新华书店	**印　　刷**	重庆一印包装印务有限公司
书　　号	ISBN 978-7-5047-7544-3/K·0235		
开　　本	889mm×1194mm　1/32	**版　　次**	2022年10月第1版
印　　张	8.875	**印　　次**	2022年10月第1次印刷
字　　数	114千字	**定　　价**	49.80元

出品

遵义市文化旅游局

微信公众号

视频号

抖音号

制作

BRTC 博睿天成

— 寻景觅味，发现遵的好 —

人们常说，年轻人好酒，浓烈而热情，中年人喜茶，馥郁而悠长。我逾中年，却二者兼爱之。凡人有所好，必四处寻喜好之物。我有幸，生活在这样一座城市，既出好酒，又产香茗，轻易地满足了我。如有闲情，亲而为之，便更有一番滋味。

其实酒也好，茶也罢，浓烈的、热情的、恬静的、淡雅的，什么样的心情，便有什么样的味道，像生活，需要你细细品味，就如同我们生活的这座城市，品之越久，其味越甘，慢慢地，竟不愿离去，慢慢地，才发现自己是如此深爱这座城市……

深爱这座城市的，不仅是我，更是千千万万生活在这片土地的人们，而这方水土，因为有了这方人民的辛勤耕耘，方显得如此沉醉迷人！

此书资料采集时，疫情还未散去，虽经数番校订，仍难免有疏漏不足之处，尚祈读者专家指正，以便改进！

特别感谢各位摄影老师，你们不一样的视角，让这片土地在你们的镜头下展现得如此美丽！

编　者

2022年7月

醉美遵义 / 不醉不归